Autorregulação organísmica na atualidade

CIP-BRASIL. CATALOGAÇÃO NA PUBLICAÇÃO
SINDICATO NACIONAL DOS EDITORES DE LIVROS, RJ

A956

Autorregulação organísmica na atualidade / organização Lilian Meyer Frazão, Karina Okajima Fukumitsu. - 1. ed. - São Paulo : Summus, 2025.
208 p. ; 21 cm. (Gestalt-terapia: fundamentos e práticas ; 10)

Inclui bibliografia
ISBN 978-65-5549-152-4

1. Goldstein, Kurt, 1878-1965. 2. Gestalt-terapia. I. Frazão, Lilian Meyer. II. Fukumitsu, Karina Okajima. III. Série.

24-95667 CDD: 616.89143
CDU: 615.851:159.9.019.2

Gabriela Faray Ferreira Lopes - Bibliotecária - CRB-7/6643

www.summus.com.br

Autorregulação organísmica na atualidade

LILIAN MEYER FRAZÃO
KARINA OKAJIMA FUKUMITSU
[ORGS.]

summus
editorial

Editora executiva: **Soraia Bini Cury**
Revisão: **Marcelo Madeira**
Capa: **Renata Buono**
Projeto gráfico: **Crayon Editorial**
Diagramação: **Natalia Aranda**

Summus Editorial
Departamento editorial
Rua Itapicuru, 613 – 7º andar
05006-000 – São Paulo – SP
Fone: (11) 3872-3322
http://www.summus.com.br
e-mail: summus@summus.com.br

Atendimento ao consumidor
Summus Editorial
Fone: (11) 3865-9890

Vendas por atacado
Fone: (11) 3873-8638
e-mail: vendas@summus.com.br

Impresso no Brasil

Sumário

Apresentação

LILIAN MEYER FRAZÃO E KARINA OKAJIMA FUKUMITSU

Hoje, manter o equilíbrio não é tarefa fácil. O agravamento dos adoecimentos físicos e mentais, o número crescente de suicídios, a violência doméstica e os problemas surgidos nos relacionamentos interpessoais sinalizam as dificuldades para harmonizar uma vida pessoal saudável com as exigências de uma sociedade cada vez menos preocupada com o bem-estar das pessoas. Por esse motivo, Karina sugeriu que esse tema merecesse destaque no volume 10 da coleção **Gestalt-terapia: fundamentos e práticas.**

Articular vida pessoal e profissional é um desafio comum para aqueles que almejam qualidade de vida. Esta é alcançada por meio de uma autorregulação organísmica satisfatória, que permita aos indivíduos se sentirem funcionais em um cotidiano que se torna cada vez mais exigente e demanda atenção e esforço.

A sensação de que o tempo é curto e o sentimento de desamparo são comuns na atualidade, fazendo que as pessoas se sintam em dívida com o mundo, com os familiares, com os amigos, com os colegas e com o trabalho — quando, na verdade, a grande dívida é consigo mesmas. Vivemos correndo como o coelho de *Alice no país das maravilhas*, sempre nos sentindo atrasados, embora nem sempre saibamos para quê.

O termo "autorregulação organísmica" foi criado pelo neurologista e psiquiatra Kurt Goldstein, com quem Fritz e Laura Perls trabalharam durante um período e de quem receberam influência. Goldstein atendeu soldados que haviam sofrido graves lesões cerebrais e observou a capacidade de reorganização desses indivíduos. Nas palavras de Marco Aurélio Bilibio Carvalho no primeiro capítulo deste livro, "quando nos referimos à autorregulação organísmica, estamos falando da capacidade inata de todos os organismos de manter e, quando necessário, restaurar seu equilíbrio e sua saúde por meio de ajustamentos entre as necessidades internas e as demandas externas". Não se trata de um conceito absoluto, como se isso ou aquilo produzisse a autorregulação satisfatória, mas de uma concepção individual que visa satisfazer necessidades singulares.

Nesse sentido, no capítulo 2, Roberto Peres Veras fala sobre a saúde existencial na sociedade do cansaço. Utiliza a perspectiva do pensamento do filósofo e ensaísta Byung-Chul Han, chamando a atenção para possíveis impactos que podem ser desencadeados pelos sofrimentos na contemporaneidade, sobretudo quando o ser humano aceita as exigências de produzir de forma incessante, preocupando-se apenas com a autopromoção. Todo esse processo, sem a reflexão constante sobre a maneira como conduzimos nossa vida, pode dificultar a criação e a ampliação de formas de ajustamento criativo nos processos de autorregulação. Esse aspecto é abordado no capítulo 3, "Corporeidade e adoecimento: corpo e mente", escrito por Silvia Ivancko, que considera as doenças e as disfunções manifestações das insatisfações pessoais e relacionais que são expressas na corporeidade.

Para contrabalançar o sofrimento intenso que impede o fluxo da espontaneidade e do bem viver, alguns recursos se tornam fundamentais. Fábio Nogueira Pereira, em "Regulação organísmica e perspectiva de campo em práticas de atenção plena", se embasa nas filosofias orientais, na atitude atencional e nos treinamentos de *mindfulness* para nos ajudar a "voltar para casa", aspecto fundamental para a integração do ser humano.

No capítulo 5, "Espiritualidade como possibilidade de autorregulação organísmica", Vanessa Brito apresenta uma dimensão importante para a abordagem gestáltica: a espiritualidade, que pode contribuir para a sabedoria e a autorregulação organísmica e favorecer a conexão com o sentido de vida na existência humana.

No capítulo 6, "Autorregulação organísmica e a indissociabilidade organismo-ambiente: uma compreensão de comunidades quilombolas em Goiás", Celana Cardoso Andrade relata o desenvolvimento de um projeto de pesquisa-ação em uma comunidade quilombola, destacando a interdependência entre indivíduos ou grupos e seu mundo circundante. Além disso, relata como as oficinas realizadas promoveram um desejo renovado de luta por direitos.

Em "Autorregulação em desastres e emergências", Camila Ribeiro de Paula pontua que os desastres não são meras ocorrências naturais, mas acontecimentos moldados por relações de dominação e exploração. Ela desenvolve a ideia de que a Gestalt-terapia, ao focalizar a autorregulação organísmica e a percepção sensorial, oferece instrumental valioso para a integração de aspectos individuais e coletivos em desastres e emergências.

No capítulo 8, "Além do limite: *burnout* e a desumanização no trabalho contemporâneo", Elisa Rita Ferreira Andrade mostra como o estresse crônico faz que o indivíduo perca sua capacidade de adaptação, o que interrompe o contato e gera situações inacabadas. O trabalho com pessoas que receberam o diagnóstico de *burnout* tem por objetivo reabilitar o ciclo do contato.

No último capítulo deste volume, "O planeta como organismo: autorregulação organísmica e o desafio climático", Marco Aurélio Bilibio Carvalho, analisando o conceito de homeostase, explica que, segundo a teoria de Gaia, isso também ocorre em termos planetários, afirmando: "Os sistemas vivos se sustentam porque há no planeta a mesma tendência ao equilíbrio que há em nosso organismo".

Desejamos que esta obra seja capaz de suscitar reflexões a respeito de elementos que perturbam a autorregulação, bem como oferecer recursos para favorecer que ela se constitua de forma satisfatória.

Por último, mas não menos importante, celebramos o sucesso desta coleção, que completa onze anos — e que, apesar das inúmeras dificuldades com as quais tivemos de lidar, tem trazido contribuições significativas à comunidade gestáltica brasileira, além de ter se tornado um dos recursos mais utilizados em cursos de graduação, pós-graduação, formação e especializações, o que nos proporciona muita alegria.

Esse sucesso se deve aos autores que colaboram conosco e também aos leitores e estudantes, ávidos por informação. Somos imensamente gratas a todos eles e também à Summus Editorial, por confiar em nosso trabalho.

1.
A teoria organísmica na prática do Gestalt-terapeuta

MARCO AURÉLIO BILIBIO CARVALHO

A Gestalt-terapia nasceu em 1950, alinhada com o paradigma sistêmico ou holístico, que aos poucos tem se tornado o paradigma dominante da ciência. Ele despontou com o surgimento da física subatômica e com a criação da ecologia, área da biologia que, no final do século 19, se ocupava das inter-relações em um sistema vivo.

O termo "holístico" só foi criado em 1926, por Jan Smuts, mas a ideia de um mundo interconectado, a mais antiga das noções, voltava com força ao pensamento europeu nas primeiras décadas do século 20. A Gestalt-terapia encontrou sua identidade baseando-se nas vertentes teóricas que surgiram como expressões desse paradigma.

Fritz e Laura Perls realizaram parte de sua educação profissional na Berlim do começo do século 20, quando se respiravam as novas ideias da psicologia da Gestalt. Esse movimento representava a saída de um paradigma atomista e racionalista para uma visão sistêmica, baseada nas propriedades das inter-relações em um todo, em vez de se basear nas propriedades das partes isoladas.

Todas as influências teóricas e filosóficas da GT fundamentam sua posição sistêmica, e dessa forma ela deu um passo além da psicanálise e do experimentalismo/comportamentalismo, alinhando-se com a perspectiva inovadora que está por trás da evolução positiva de muitos aspectos de nossa sociedade. Compreender a realidade com base na interligação e interdependência das partes é a inspiração evolutiva de nosso tempo. Essa perspectiva coloca o ser humano como indissociável dos muitos sistemas que se interpenetram, como o biológico, o psíquico, o social e o ecológico.

Na introdução da obra *Gestalt-terapia*, de Perls, Hefferline e Goodman (1997), afirma-se que a maior dificuldade para compreender a abordagem é aprender a pensar em termos sistêmicos, em que a parte só existe em virtude de suas relações com as outras partes e com o todo. Se o psicólogo da Gestalt aprende a perceber em termos de dinâmica figura-fundo e outras propriedades holísticas da percepção, o Gestalt-terapeuta aprende a perceber a pessoa à sua frente de forma indissociável da teia multidimensional de relações que o constitui.

Uma das expressões da forma de perceber reaprendida pelo Gestalt-terapeuta é inspirada na teoria holística de Jan Smuts (2013). Ela refina nossa percepção para que a realidade se organize em totalidades sistêmicas, que pertencem a totalidades maiores que a contêm, contendo em si totalidades menores. A vida constitui um sistema autorregulado em que essas totalidades, em diferentes instâncias — hólons —, estão em completa interação com totalidades maiores e menores. É a troca entre essas diferentes dimensões da totalidade que organiza a realidade. Na vida humana, o princípio holístico se expressa na interação entre nosso enraizamento biológico, em que órgãos, organismo e suas incessantes trocas com o meio biológico interagem com uma dimensão social, na qual as trocas se dão na ordem das relações pessoais e grupais, incluindo a dimensão cultural, econômica, ecológica, planetária e espiritual. Cada faceta existe na interação com as demais.

Outra forma de aprender a percepção gestáltica vem da perspectiva de campo, trazida da física de partículas para a esfera social por Kurt Lewin (2015). De fato, Lewin esteve sob influência direta dos psicólogos da Gestalt Kurt Koffka, Max Wertheimer e Wolfgang Köhler enquanto estudou na Universidade de Berlim. A partir de sua colaboração, percebeu a identidade da teoria da percepção da escola alemã com a perspectiva de campo original. Utilizou exemplos matemáticos para demonstrar as interações parte-todo na esfera social. Na perspectiva social de campo, cada elemento de um campo influencia e é influenciado pelos outros elementos e pelo próprio todo.

Assim, no âmbito da Gestalt-terapia e por meio das inspirações teóricas descritas até aqui, o profissional é estimulado a sair da posição atomista e adotar uma percepção, a mais clara possível, do sistema multidimensional de interações de que seu cliente é expressão. A perspectiva holística e de campo é, ainda, enriquecida pela fenomenologia de Husserl (2020), que integra o sujeito e sua subjetividade à noção do fazer clínico e à noção de fazer ciência. Nossa abordagem se apoia nos procedimentos metodológicos da fenomenologia para compreender o que é vivido pela pessoa em terapia, assim como para a formar o sentido derivado da experiência e do conjunto de significados associados ao que está sendo vivido. O foco na experiência vivida é também a base existencial da Gestalt-terapia.

É importante ressaltar que a síntese dessas abordagens gera uma forma diferente de pensar, centrada nas inter-relações e evoluindo para um senso de totalidade. A presença dessa forma de perceber representa em si uma espécie de contraponto terapêutico para os principais desafios da civilização ocidental. Coube a Fritjof Capra (1984), em sua obra seminal *O ponto de mutação*, esclarecer que há um elemento comum às muitas crises da contemporaneidade: a percepção da parte dissociada do todo. Capra atribui a percepção fracionada da realidade à poderosa influência do pensamento newtoniano na forma como se passou a pensar nos séculos posteriores à criação do método científico. O que na origem era um método de fazer ciência, criando recortes da realidade para conhecer os detalhes, tornou-se um modo de pensar centrado nas partes, em que gradualmente foi sendo perdida a noção de interdependência. Baseado nas descobertas da física subatômica, Capra afirmou que, nesse nível da matéria, a realidade se comporta com base no princípio da interconexão. Tudo no universo é expressão de redes de interconexões.

Dessa maneira, o Gestalt-terapeuta que refina sua percepção da realidade na direção do paradigma holístico, passando de um olhar fracionado para um olhar sistêmico, que privilegia a qualidade das múltiplas camadas de relação que constituem a vida da pessoa que está à sua frente, supera em si uma das grandes causas de crises pessoais e civilizacionais: o pensar focado na parte, sem a noção de interdependência parte-todo.

Entre as influências teóricas da Gestalt-terapia, há uma que trouxe importantes esclarecimentos sobre a natureza humana por meio da observação do funcionamento dos organismos, com significativas contribuições para a prática da psicoterapia, que é o foco da presente obra: a teoria organísmica. Kurt Goldstein, seu autor, foi um médico e pesquisador alemão que fundou o Institut für Erforschung der Folgeerscheinungen von Hirnverletzungen (Instituto de Pesquisas sobre Consequências de Lesões Cerebrais de Frankfurt), um dos centros de pesquisa pioneiros nesse tipo de lesão, onde trabalhou como diretor até a ascensão do nazismo. Durante a Primeira Guerra Mundial, juntamente com seu colega e colaborador Adhémar Gelb, Goldstein atendeu e pesquisou as lesões de um grande número de pacientes, entre eles jovens soldados vindos dos campos de batalha, cuja evolução puderam acompanhar por muitos anos. Suas conclusões foram descritas na obra *The organism — A holistic approach to biology derived from pathological data in men* (1995).

Kurt Goldstein era neurologista e psiquiatra. Tinha grande interesse pelo entendimento da organização perceptual surgido no movimento da psicologia da Gestalt. O desenvolvimento de suas ideias ocorreu simultaneamente com a formulação dos conceitos da Gestalt. Goldstein e os psicólogos da Gestalt faziam parte de círculos intelectuais similares, o que, juntamente com encontros acadêmicos e publicações, os colocava em sintonia. Entre eles, havia um interesse comum em compreender como os organismos percebiam e respondiam ao ambiente. Por exemplo, Goldstein procurava ver o comportamento como manifestação integrada do organismo total, e não com base em respostas isoladas, enquanto os psicólogos da Gestalt procuravam ver a percepção a partir de padrões e configurações totais. A ideia central da psicologia da Gestalt de que "o todo é diferente da soma das partes" remete à similaridade entre ambas as esferas de funcionamento. Tanto a auto-organização da percepção como a auto-organização dos organismos são operadas a partir de uma perspectiva holística que é inerente a ambas.

No prefácio à reedição em inglês da obra *The organism*, o neurologista Oliver Sacks (1995) afirma que Kurt Goldstein chegou muito perto de uma biologia existencial, assim como Ludwig Binswanger e outros construíam uma psiquiatria existencial. Mas, apesar de imerso na atmosfera kantiana e fenomenológica, sempre voltava aos dados médicos. Para Sacks, Goldstein corporificava o que Nietzsche afirmava ser necessário: um médico que é ao mesmo tempo um filósofo, em que a busca de criar conceitos a partir de sua prática clínica nunca obscurecia seu senso de sofrimento e sua relação com os pacientes.

> Goldstein tinha "um sentimento pelo organismo" que parecia estar faltando em muitos de nossos professores e textos. Ele falava sobre "reações" à doença, sobre "adaptação", "compensação", "aceitar" — reações que podíamos ver em nossos pacientes o tempo todo e que eram cruciais para entender se qualquer reabilitação fosse alcançada, mas que nossos livros-texto ignoravam completamente. (Sacks, 1995, p. 7)

Fritz Perls trabalhou diretamente com Kurt Goldstein em Frankfurt, onde foi exposto às suas teorias e práticas clínicas. Sua concepção sobre o funcionamento humano e a prática da terapia teve grande influência desse período em Frankfurt. Laura Perls realizou seu treinamento profissional em um ambiente em que as ideias de Goldstein eram proeminentes. Durante os anos 1920 e 1930, na Alemanha, a ideia de holismo estava influenciando muitas das novas teorias, num contraponto ao que ocorria nos Estados Unidos, onde a perspectiva mecanicista em psicologia estava em franca ascensão.

As ideias de Goldstein chegaram aos Estados Unidos não só pelo casal Perls, após a saída da África do Sul. Abraham Maslow encontrou na teoria organísmica inspiração para propor uma nova vertente: a psicologia humanista. Conceitos como o do organismo como uma totalidade em busca de expressão de suas potencialidades foram importantes para conceber o ser humano de uma nova forma, distinta da psicanálise e do behaviorismo. Nessa nova concepção, a ênfase passou a ser a tendência autoatualizadora, que não existia até então. O movimento do potencial humano, associado à psicologia humanista, é uma tremenda influência de Goldstein na história da psicologia. Carl Rogers também reconheceu a influência de Goldstein em seu trabalho.

No pensamento e na prática clínica, a Gestalt-terapia deve muitos conceitos centrais à teoria organísmica. A formação do Gestalt-terapeuta passa pela assimilação do conceito de organismo criado por Goldstein. O termo "organísmico" é frequentemente utilizado para se referir às propriedades do funcionamento humano. Quando nos referimos à autorregulação organísmica, estamos falando da capacidade inata de todos os organismos de manter e, quando necessário, restaurar seu equilíbrio e sua saúde por meio de ajustamentos entre as necessidades internas e as demandas externas. O organismo busca essa adaptação de forma integrada, como um todo, de acordo com suas possibilidades. Essa tendência é a força motriz da vida, por trás das adaptações, do crescimento e da saúde.

Um Gestalt-terapeuta testemunha e participa dessa tendência à autorregulação organísmica em todos os processos clínicos. Um organismo está sempre em busca da melhor adaptação possível. Goldstein observou que um organismo saudável procura se adaptar de forma criativa em nome de um duplo movimento: o da preservação de sua integridade e o do crescimento pelo exercício de novas potencialidades. Esses dois movimentos básicos dos organismos formam uma dança na interação com o mundo de que o organismo é parte, em que ora um, ora outro são os protagonistas, dependendo do grau de risco da situação vivida ou do grau de excitação em direção ao novo. O Gestalt-terapeuta, ao confiar nessa tendência, aprende a apoiar o senso de limite da pessoa, e também o anseio de experimentação. Saber regular a hora de um e a hora do outro precisa se tornar uma prerrogativa da própria pessoa, com base na percepção do que se passa consigo. A função do Gestalt-terapeuta é ajudar a restaurar essa percepção.

Vindo de uma cultura de interferência moral nos processos de autorregulação, o Gestalt-terapeuta aprende a confiar na sabedoria autorreguladora da pessoa, auxiliando a ampliação da consciência sobre o significado do que está sendo vivido, do que percebe sobre que mundo é esse que se apresenta, ou como apoio ou como oposição, e quem é o outro a quem busca. Para Goldstein, crescemos ao abandonar os reflexos condicionados por atos intencionais, o que dá à teoria organísmica sintonia com a filosofia existencial, que também inspira a Gestalt. Uma nova concepção ética das relações surge para além da moralidade da cultura, embora sem desprezá-la, mas apoiando a ética na percepção sensível do outro, tão importante quanto a percepção respeitosa de si.

Vêm também da teoria organísmica alguns importantes aspectos da noção de saúde e de patologia da Gestalt-terapia. Goldstein via a saúde como associada à capacidade de autoatualização, a tendência inata do organismo de realizar seu máximo potencial, desenvolvendo-se da maneira mais plena e eficaz, conforme as possibilidades de seu ambiente. Viver dentro de seu potencial, evoluindo em direção a novas possibilidades, é uma ideia cara à Gestalt-terapia. A autoatualização é um processo contínuo, presente em todas as circunstâncias. Implica ajustamentos criativos aos desafios do meio, e uma de suas expressões pode ser a autocontenção quando as circunstâncias são desfavoráveis. Para atualizar os potenciais, o requisito é uma realista percepção das circunstâncias.

Indissociável da ideia de saúde está a noção do valor da patologia. Para Goldstein, a patologia é uma variação legítima do processo normal da vida. Ele a retira das categorias de normal e anormal para eleger a pessoa como métrica de sua condição única, comparável apenas a si mesma — portanto, as normas são individuais. Ele observou que seus pacientes neurológicos evoluíam para configurações adaptativas únicas, para as quais o organismo como um todo procurava a nova configuração possível. Passou a conceber os sintomas não como expressões isoladas de danos locais, mas como tentativas do organismo de solucionar uma nova situação derivada de uma patologia, a partir de uma reorganização global.

Isso confere ao processo do adoecimento um grande respeito por parte do terapeuta enquanto auxilia o indivíduo a encontrar a melhor reorganização possível.

As noções de ordem e de catástrofe esclarecem o entendimento da patologia na teoria organísmica. Kurt Goldstein deu grande ênfase à ideia de ordem. Para ele, estar bem implica a capacidade de ter um comportamento ordenado, que pode chegar a prevalecer até mesmo em situações em que são impossíveis desempenhos antes possíveis. Atingir um novo estado de comportamento ordenado em uma situação com novos limites significa um novo estado de saúde diferente do estado anterior, e deve ser visto como uma nova norma individual. A ideia de comportamento ordenado entra no *setting* psicoterapêutico como expressão de escolha, respeitando os limites pessoais e do meio. Uma ação congruente tomada conscientemente.

Em oposição à ideia de ordem, em que um organismo retorna a um estado de equilíbrio, está a noção de catástrofe, que descreve a desorganização derivada de uma situação em que o organismo não é capaz de responder de forma ordenada. Algumas habilidades indisponíveis para a nova situação dos pacientes neurológicos gerava intensa ansiedade neles quando demandados a realizá-las. Perls viu nisso semelhança com o que ocorre no que chamou de pacientes neuróticos, que são tomados de ansiedade e se desorganizam diante de situações desafiadoras para sua autoimagem ou que os aproximam de sentimentos de incompetência.

Para uma pessoa saudável, a ansiedade pode ser parte da abertura ao novo e é superada tão logo encontre uma nova ordem no seu agir. Para uma pessoa neurótica, a situação sentida como catastrófica gera intensa ansiedade, que não consegue sustentar. Gera também desorganização, em algum grau, da percepção e do comportamento, passando a evitar a situação.

Perls afirmou que o neurótico é fóbico ao sofrimento, não conseguindo sustentar a frustração, entrando em comportamentos evitativos e estereotipados e fugindo do contato com o que lhe parece ser ameaçador. Ao não sustentar a frustração que acompanha o risco e apelar para estratégias defensivas, o neurótico fica paralisado. Seu sistema de autorregulação organísmica hipertrofia o modo sobrevivência e paralisa o crescimento de novas potencialidades. Goldstein percebeu que, nessas condições, o organismo trabalha intensamente para preservar sua estrutura e suas funções, empregando energia para resistir e se proteger. Do ponto de vista da psicoterapia, há certa sabedoria nessa estratégia, na medida em que a pessoa perdeu a confiança em sua naturalidade para responder de forma sincera e honesta às situações desafiadoras. A evitação vem acompanhada de bloqueios perceptivos que dissociam a pessoa do fluxo natural de figura e fundo. Ela deixa de perceber o que sente e o que quer, ficando desorientada em termos de possibilidades autênticas de escolha. Nesse estado, a paralisia é a proteção contra a piora das frustrações — o que na verdade não acontece, apenas permite a migração de frustrações agudas para um estado de frustração crônica.

Restaurar a abertura ao crescimento é a função da psicoterapia. Trabalhando a favor da natureza, o Gestalt-terapeuta não julga nem condena a pessoa pela perda de confiança em sua capacidade de resposta autêntica, já que em sua história precisou negociar essa autenticidade em favor de sua sobrevivência psicológica, adaptando-se ao ambiente existencialmente hostil. Nem sequer empurra ou força o indivíduo na direção da autenticidade, já que mais provavelmente ele usaria em relação ao terapeuta a mesma estratégia que usou em sua história: criar uma versão falsa e adaptada do que espera do mundo — no caso, o que percebe que o terapeuta espera dele. Isso dá lugar a um sutil falseamento do crescimento autêntico, gerado pela simulação de um falso eu que corporifica as expectativas do terapeuta.

Ao contrário, o Gestalt-terapeuta aprende a respeitar os limites da situação presente enquanto acolhe e responde a qualquer avanço em termos de percepção autêntica por parte da pessoa. É a acolhida do que é verdadeiro que, pouco a pouco, restaura a confiança do cliente em sua percepção, o que lhe permite explorar novas formas de agir coerentes com essa percepção. Quando a pessoa restaura o vínculo entre percepção e ação, ganha um novo senso de coerência que é, em si, curativo, já que lhe devolve o senso de inteireza e pertinência, perdido em suas adaptações neuróticas. De forma sutil, o Gestalt-terapeuta está apoiando o movimento básico em direção ao crescimento, que é inerente ao organismo.

O amadurecimento do indivíduo se dá quando ele atinge um equilíbrio entre autopreservação e crescimento fazendo escolhas conscientes. Ao respeitar tanto seus limites diante de dada situação quanto a abertura ao novo e ao excitamento trazido por novas possibilidades, ele pode avançar em sua jornada de vida em sintonia com essas duas forças autorreguladoras, consultando a si mesmo a cada momento para fazer escolhas. Mas não é demais lembrar que, se na concepção organísmica as pessoas evoluem e se organizam em direção à atualização de potencialidades, isso não se dá como hipertrofia de uma forma egotista de ser, já que esse modo de funcionar guarda em si a atrofia da percepção do outro. Com base na perspectiva fenomenológica que orienta a Gestalt-terapia e, sobretudo, na perspectiva dialógica, tal egotismo é uma organização também patológica e necessita da restauração da percepção sensível do outro na mesma medida em que restaura a percepção sensível de si.

Goldstein usou a imagem de uma criança aprendendo a andar para exemplificar o amadurecimento de um organismo a partir da tendência à autoatualização, pela qual o organismo ativa suas capacidades latentes. Quando a criança descobre que pode ficar sobre duas pernas, toda a sua atenção se volta para explorar um passo após o outro. Quando aprende a se mover com equilíbrio, essa nova habilidade abre infinitas outras possibilidades, que serão alvo de novos interesses e *performances* (termo adotado por Goldstein), que atualizarão novas habilidades. Ele afirmava que esse processo de crescimento tende a funcionar de forma harmoniosa e coordenada. A saúde mental é expressão dessa integração interna, enquanto o organismo se mobiliza como um todo para chegar a ser quem é.

Isso nos remete ao modo como o Gestalt-terapeuta lida com o erro. Em vez de repetir o vício da cultura vigente de adicionar culpa e cobrança aos erros cometidos, o profissional confia na capacidade de autocompreensão e aceitação da pessoa, respeitando o erro como parte do processo de aprendizagem — incluindo a aprendizagem de como podemos enganar a nós mesmos sob determinadas forças psíquicas, como o desejo, o medo, a vaidade, a necessidade de poder e tantas outras. O erro é parte importante do processo de amadurecimento, tanto quanto são as quedas de uma criança que está aprendendo a andar.

A consciência, por parte do Gestalt-terapeuta, de que o organismo é regido pela tendência autoatualizante lhe confere confiança nos processos críticos pelos quais todos passamos. Crises são interrupções do crescimento diante de um desafio que ainda não se tornou claro, mas todo o organismo está trabalhando para resolvê-las. Apoiar o processo de tomada de consciência, a arte maior da Gestalt-terapia, tem como premissa justamente a ação autorreguladora do organismo e a tendência autoatualizadora. Dessa forma, o Gestalt-terapeuta se descobre, de fato, um auxiliar da natureza. Não é o terapeuta que faz o processo, ele apenas o apoia. Além de participar ativamente do processo de crescimento, tanto nos momentos de silêncio quanto em momentos mais ativos, como ao propor um experimento, o Gestalt-terapeuta é também a mais privilegiada das testemunhas dos modos de ação da sabedoria organísmica.

O movimento de crescimento da pessoa, na Gestalt-terapia, não é avaliado em termos de sucesso social e econômico, ainda que essas dimensões possam ser importantes para a pessoa. A atenção do Gestalt-terapeuta está sempre em como ela vivencia e manifesta suas capacidades internas. Por mais que essas sejam condições para o que pode ser atingido nos níveis social e econômico, a medida de saúde a que o profissional está atento é sempre a da expressão desimpedida das potencialidades e o fluxo ininterrupto de consciência que acompanha essa expressão. Ao perceber as quebras no fluxo de consciência na experiência que a pessoa tem de si, o Gestalt-terapeuta sabe que está diante de uma área potencialmente desorganizada e usa seus recursos para focalizar o que está se passando aqui e agora. Nesse momento, realçar as relações figura-fundo, pela exploração fenomenológica do que se torna figura, começa a devolver ordem a essa área. Reações corporais, sentimentos e emoções, valores e crenças vão aos poucos surgindo como figura, a partir da ação da sabedoria organísmica que reorganiza o fundo, devolvendo a ela um funcionamento harmônico e integrado — que, pela tomada da consciência do que surge, leva a pessoa a novos graus de ordem e integração.

A restauração do livre fluxo de figura-fundo é inerente a ajustamentos criativos às circunstâncias. Goldstein deu grande importância aos processos criativos, já que testemunhava em pacientes cerebralmente lesionados as diferentes e criativas estratégias adaptativas a novas circunstâncias. A criatividade com que lida com os desafios é uma medida de saúde dos organismos, e também das pessoas. Não se trata apenas de uma possibilidade pessoal, mas de uma capacidade ontogenética, responsável pela nossa sobrevivência como espécie. A crença derivada das observações de Goldstein de que todo organismo é capaz de encontrar criativamente seus caminhos, algo que ocorre tanto em nível individual como grupal, tem tremendas implicações para a forma de fazer psicoterapia, para a forma de educar crianças e adultos e para as formas de organizar politicamente uma sociedade. Um olhar positivo da natureza humana surge das observações de Goldstein, em que a autoatualização como processo criativo leva pessoas a se expressarem de maneira única e original, e aquelas aptas a isso têm uma tendência inata para contribuir positivamente com o mundo de que se assumem parte.

A autonomia interna derivada da tendência autoatualizadora dá aos organismos a capacidade de se autorregularem, expressando mais de si mesmos no mundo. No caso dos indivíduos, essa autonomia leva ao senso de autenticidade, ao pleno funcionamento com consciência dos que vivem aqui e agora. Seu sistema de necessidades mostra-se intacto e eles estão aptos a reconhecer aquilo de que precisam.

Esse sistema é a mais clara expressão da tendência autoatualizadora, pois garante a sobrevivência pelas reações de fome e sede, de necessidade de descarga e repouso. Porém, garante também a atualização de faculdades de ordem existencial, a partir de interesses, desejos e paixões que compelem a pessoa a novas experiências. Não significa que haja sabedoria nesses impulsos e, frequentemente, uma avaliação crítica é indispensável para filtrar o que é positivo e necessário e o que responde a movimentos de autoengano. Do início ao final do ciclo de vida, é nesse tipo de avaliação que uma pessoa amadurece, enquanto fortalece sua capacidade de escolhas conscientes. A experiência, a inteligência e inclusive a cultura que esclarece sobre o funcionamento humano na psicologia, na mitologia e nas artes, apenas são obtidas com o passar do tempo e auxiliam a discernir o que é essencial e necessário do que é um mero processo projetivo ou fantasioso. Esses processos se assemelham à sabedoria organísmica, mas estão contaminados por questões mal resolvidas, com grande contenção energética e que podem atuar como fontes de engano.

Os processos descritos nos parágrafos anteriores não podem ser considerados segundo o conceito de neurose, já que ocorrem também em pessoas saudáveis. Ao contrário, são aspectos da natureza humana que estão sempre nos desafiando. Mesmo o que a Gestalt-terapia consideraria um funcionamento saudável ocorre dentro da incerteza e da possibilidade de desequilíbrio coerente com o princípio da homeostase. É um dilema constante buscar coerência e encontrar clareza nos dilemas do mundo das relações. Essas crises são indispensáveis ao progresso de crescimento e não há uma só pessoa, por mais saudável que seja, que não possa se defrontar com uma área desconhecida de si mesma. Por isso, Goldstein dizia que o processo de autoatualização nunca se completa. A complexidade da natureza humana nos reserva desafios na neurose e na saúde. A diferença é que o neurótico se protege da vida e sofre por isso. Na saúde, defrontamo-nos com os desafios de que o neurótico foge e descobrimos que são, de fato, desafios. Para uma pessoa cujo processo de autoatualização está pedindo novos aprendizados e habilidades, tais desafios passam a ser bem-vindos, como promessa de revoluções. Desaparece o medo da vida e a pessoa se encontra aberta para o que lhe espera, consciente de que sempre será ela a escolher de que forma viverá o que não é possível escolher.

O impacto da obra de Kurt Goldstein na teoria e na prática da Gestalt-terapia é maior do que em geral se supõe. A visão de ser humano que nossa abordagem compartilha com outras expressões importantes da psicologia humanista derivou em parte das observações desse pesquisador genial e original, que desafiou a prática científica da época em direção ao holismo — empregado como método e como base teórica para sua forma de compreender os organismos. É notável observar como, de um laboratório de fisiologia médica em Frankfurt, surgiram conceitos que mudaram a história da psicologia, introduzindo tendências duradouras, que produziram uma noção de ser humano com base em suas potencialidades, e não apenas em seu comportamento observável ou em seu adoecimento.

No auge de sua produção científica, Goldstein se viu obrigado a fugir de seu país em virtude das ameaças geradas por um adoecimento coletivo perverso. A ascensão do nazismo poderia ter-lhe destruído a fé na humanidade, mas não era capaz de desfazer o que ele tinha observado do funcionamento dos organismos. Enquanto aguardava, na Holanda, o visto para entrar nos Estados Unidos, Goldstein ditou a um datilógrafo, durante cinco semanas, de forma extenuante para ambos, a obra *The organism*. Todo Gestalt-terapeuta traz em si a influência de Goldstein. É com grande gratidão que carrego comigo essa influência, e a sinto sempre que penso na genialidade desse médico alemão, na força de seu legado e na forma como suas ideias inspiram meu olhar, meu dia a dia e minha prática clínica.

REFERÊNCIAS

CAPRA, Fritjof. *O ponto de mutação*. São Paulo: Cultrix, 1984.

GOLDSTEIN, Kurt. *The organism — A holistic approach to biology derived from pathological data in men*. Nova York: Zone Books, 1995.

HUSSERL, Edmund. *A ideia da fenomenologia — Cinco lições*. Petrópolis: Vozes, 2020.

LEWIN, Kurt. *Principles of topological psychology*. Connecticut: Martino Fine, 2015.

PERLS, Frederick; HEFFERLINE, Ralph; GOODMAN, Paul. *Gestalt-terapia*. São Paulo: Summus, 1997.

SACKS, Oliver. "Introduction". In: GOLDSTEIN, Kurt. *The organism — A holistic approach to biology derived from pathological data in men*. Nova York: Zone Books, 1995.

SMUTS, Jan C. *Holism and evolution*. Gouldsboro: The Gestalt Journal Press, 2013.

2.
A saúde existencial na sociedade do cansaço à luz do pensamento de Byung-Chul Han

ROBERTO PERES VERAS

Pretendo, neste capítulo, refletir a respeito de alguns aspectos da saúde existencial na atual sociedade do cansaço e, consequentemente, da autorregulação organísmica na atualidade, com base na contribuição do pensamento do filósofo e ensaísta Byung-Chul Han. O livro *Sociedade do cansaço* chegou às minhas mãos por meio de um grupo de leitura de temas filosóficos, ao mesmo tempo que a questão da sobrecarga de trabalho na sociedade atual também se apresentava como uma das questões atuais na minha prática clínica e acadêmica, bem como em minha vida pessoal e na sociedade como um todo.

Para a Gestalt-terapia, a autorregulação organísmica é o processo no qual o organismo vive sua constante busca de equilíbrio, de satisfação de suas necessidades na interação com o meio ambiente e, consequentemente, de sua saúde sob condições adversas, além da busca da realização de suas potencialidades (Cardoso, 2007).

Penso que Han se apresenta como um dos pensadores mais críticos à sociedade atual. Ele procura caracterizar como se dão os modos de existência sob o modelo capitalista e as implicações do modelo capitalista neoliberal, com todos os seus desdobramentos, para a comunidade humana — como as mudanças de paradigma da sociedade disciplinar para a do desempenho e a passagem do modelo da negatividade para o da positividade, que, entre outros aspectos, nos transformaram em uma sociedade do cansaço.

Percebemos que o modo de existência sob o regime capitalista se desdobra e se estrutura em uma "existência econômica". Nessa perspectiva, mais capital equivale a menos morte; portanto, o que se objetiva é a preservação de si mesmo tanto quanto possível diante da morte, o que se dá partir do acúmulo do capital (A filosofia..., 2023).

Han (2019) lembra que economia vem do grego *oikos*, que significa casa, e *nomia*, manutenção — nesse sentido, a economia visa à manutenção da casa. Assim, estamos nesse espaço que visa preservar e manter o meu espaço, a minha existência, o meu estar no mundo. Nessa luta contra a morte, observamos que o que se almeja é a preservação da própria existência por meio do acúmulo do capital — porém, não apenas a preservação em relação à morte, mas a preservação idêntica a si mesma, preservando, assim, sua identidade. Um dos desdobramentos dessa implicação é um autocentramento e uma fixação que procuram preservar e dar continuidade a si mesmo, nesse movimento de manter-se idêntico.

Cada período em nossa história tem enfermidades e sofrimentos fundamentais e específicos, ou seja, os adoecimentos e sofrimentos vão se transformando à medida que a sociedade também vai se transformando. Conforme Han (2015), na contemporaneidade, vamos deparar com a violência neuronal — não vivemos mais uma época bacteriológica nem viral, que caracterizaram o século 20.

O início do século 21 caracteriza-se pela premissa neuronal. Essa transição nos auxilia a compreender parte dos adoecimentos da atualidade, como o transtorno de déficit atenção e hiperatividade (TDAH), a síndrome do *burnout* e o transtorno de personalidade limítrofe, todos marcados, em parte, pela tensão criada pelo excesso da positividade da sociedade.

Segundo o autor, já não nos encontramos em uma sociedade disciplinar, marcada pela obediência, pelos limites rígidos e pela dinâmica do controle das instituições, como apontado por Michel Foucault. De acordo com essa perspectiva, a analítica do poder de Foucault não alcança mais as modificações psíquicas e topológicas da atual sociedade, que se organiza a partir da premissa do desempenho. A sociedade disciplinar baseia-se na negatividade, isto é, na restrição, no limite, na proibição, no não ter direito, na exclusão, tentando colocar do lado de fora ou do outro lado do muro tudo que ameaça, de modo que o outro também fica do lado de fora. Toda essa dinâmica se desdobrou em uma sociedade que exclui e coloca à margem, que divide e separa saudáveis e doentes, normal e patológico, esfera do trabalho e esfera do descanso. Assim, de acordo com Byung-Chul Han, uma sociedade que, a partir da marca da negatividade, potencializou os excluídos, os loucos e os delinquentes.

A marca da negatividade são os limites rígidos entre o eu e o outro; as fronteiras são excessivamente rígidas, pouco flexíveis e controladas. Observamos, assim, uma rígida separação de espaços, marcada por limites muito bem definidos, que se apresentam como muros, cercas.

Na contemporaneidade, observamos uma significativa mudança de paradigma, passando do modelo disciplinar para o modelo do desempenho, com toda a estrutura da positividade. Vivemos em uma sociedade marcada pela positividade, cujas características são a inclusão, a permissividade, os direitos, o poder ilimitado do "*Yes, we can*". A positividade do poder se mostra muito mais eficiente do que a negatividade do dever. Para nós, Gestalt-terapeutas, essa perspectiva é conhecida: eles potencializam a um exponencial muito maior os *deveríamos* apresentados e questionados por Perls, fruto de todo processo introjetivo.

Na sociedade da positividade, as fronteiras são flexíveis, permeáveis, quase sem contornos, deixando a ideia de que não há fronteira; portanto, não existem limites. Toda essa perspectiva visa maximizar a produção. Estamos na sociedade das academias *fitness*, dos *shopping centers*, dos escritórios, dos aeroportos.

Essa positivação do mundo e a coerção pelo desempenho fazem surgir novas formas de violência e novas formas de sofrimento; assim, encontramos uma configuração do capitalismo que se torna muito mais opressora do que na sociedade disciplinar. É com essa nova estruturação que a sociedade do desempenho potencializa depressivos e fracassados, entre outros.

A sociedade do desempenho se desvincula da negatividade, e nela alcançamos um poder ilimitado; sua marca é o excesso de positividade, ou a positividade tóxica. Substituímos o lugar da proibição, do mandamento, da lei, pelo projeto sustentado na motivação e na iniciativa, no ter de empreender, ter de performar. Dessa forma, maximiza-se a produção a partir da introjeção desses novos valores instalados na cultura e na sociedade como um todo, alcançando uma perspectiva ampla no inconsciente social.

Um ponto a ser ressaltado é que, na positividade do poder, deparamos com uma maior eficiência; o sujeito do desempenho é muito mais rápido e produtivo do que no modelo disciplinar. Ao mesmo tempo que continua disciplinado, o poder não deve cancelar o dever.

Nessa sociedade do sim, do poder ilimitado e da produtividade, cada membro da comunidade humana se torna um empresário de si mesmo, cada indivíduo se torna sua própria marca, seu próprio produto e, portanto, também totalmente responsável por seu sucesso ou fracasso, que ao estar desvinculado de toda complexidade de uma perspectiva de campo, restringe ao indivíduo sua capacidade de êxito ou de fracasso.

A máxima do paradigma do desempenho é o performar, levado a um exponencial tal que se desconecta dos limites de si mesmo, do próprio corpo, do campo, da realidade, favorecendo novas formas de sofrimento a partir de toda violência neuronal.

Para Han, quando o sentido é afirmar a si mesmo, sua individualidade e sua potência, criamos uma autofagia. Essa é uma das marcas do capitalismo neoliberal na sociedade do desempenho. Podemos, assim, compreender toda a tensão vivida: a violência neuronal que leva a um infarto psíquico é um terror da imanência. Trata-se de uma violência sistêmica, isto é, uma violência imanente ao sistema.

Ao se instalarem na cultura, os balizadores da sociedade do desempenho se desdobrarão em valores que progressivamente são introjetados. Desse modo, os membros da sociedade vivem uma guerra consigo mesmos, uma luta interna se instala, o senhor e o escravo habitam o mesmo corpo. Dominador e dominado, que Perls tão bem caracterizou como parte do conflito interno a ser superado e integrado, na atualidade se redimensionaram e se potencializaram com base nesse novo paradigma: vivem uma enorme tensão, se digladiam, levando o organismo a perder sua capacidade de autorregulação. Podemos dizer que é dessa forma que, na sociedade do desempenho, nós nos entregamos à livre coerção de maximizar o desempenho e, diante da falta de uma melhor condição de percepção e *awareness*, o organismo acaba sucumbindo.

Pela lente da Gestalt-terapia, a neurose revela um modo de ser cristalizado que não se autoatualiza. Alvim (2018) destaca a formação de hábitos como uma fixação de padrões de comportamento. Eles ocorrem por meio da introjeção de valores, normas sociais e todas as sedimentações do mundo social. Essa fixação em um modo de ser moldado pelas determinações externas da cultura do desempenho resulta em uma alienação do próprio ser, em uma mecanização da vida, transformando a existência em uma busca incessante de resultados e reconhecimento externo.

Percebemos uma impossibilidade de integração espontânea da mente, do corpo e das demandas da sociedade do desempenho introjetadas quando o organismo, numa situação de emergência crônica, desenvolve uma dessensibilização corporal. Todo esse nível de tensão impede o excitamento de fluir, o que compromete a autorregulação e leva o indivíduo à exaustão e a sucumbir, revelando os quadros de *burnout* na atual sociedade do desempenho e do cansaço.

Assim, a lógica do desempenho alcança a totalidade da nossa existência e não apenas a dimensão produtiva, a dimensão do trabalho. O paradigma do desempenho se instala no lazer, no passatempo, nos *hobbies*, na família, nas relações interpessoais e sociais — em todas as esferas de nossa existência.

Pela exposição excessiva, encontramos no empresário de si mesmo uma afirmação irrestrita de si, uma afirmação por meio do que produz, sempre buscando triunfar sobre a morte. A procura do outro visa à produção de si mesmo, um mesmo modo de vida sustentado na autoafirmação, na pura relação consigo mesmo; assim, a individualidade vai se desdobrando em individualismo e em uma sociedade cada vez mais egótica, imediatista, hedonista.

Toda essa estruturação na sociedade atual Han denomina violência do igual, isto é, ao tentar se afirmar em sua individualidade, cada um vive igual aos outros. Ficamos fechados em nossas bolhas, e os algoritmos favorecem exatamente esse aspecto, que é sempre nos manter enredados ao mesmo, no inferno do igual. Toda essa premissa e expectativa inviabilizam o que está no fundamento do humano: "Manter-se por meio da mudança — conservar-se transformando-se: essa coexistência de estabilidade e mudança é considerada característica essencial da vida[...]" (Vasconcellos *apud* Lima, 2014, p. 102), comprometendo significativamente todo o processo de autorregulação.

A letra de "Metamorfose ambulante", composta por Raul Seixas e hino de toda uma geração, revela exatamente a busca, a necessidade e o anseio por esse espaço para a transformação, a transmutação que nos permite estar num constante processo de devir.

Essa contínua tentativa de preservar nossa imagem, preservar a nós mesmos, mantendo-nos idênticos, nos aprisiona nessa perspectiva do inferno do igual e, ao reduzir cada vez mais a disponibilidade de ir em direção ao outro diferente de nós, empobrece a condição de estarmos num constante processo de nos metamorfosear, de sermos seres num contínuo processo de construção e constituição, que só se encerrará com o fim de nossa existência. Essa perspectiva nos engessa, nos aprisiona, nos mantém em bolhas dos iguais, nos leva à mera sobrevivência, à medida que a vida vai se esvaindo de novos sentidos, também pelo empobrecimento das trocas com os outros, com os diferentes, com tudo aquilo que não sou eu. Por outro lado, conforme Alvim (2018, p. 334), "[o] encontro com o outro diferente me surpreende e convoca um movimento de retomada do equilíbrio que é criação de sentidos, ajustamento criador diante da diferença ou novidade".

Boa parte das ações e movimentos aparentemente destinados ao outro visam à produção de si mesmo, posto que o que se objetiva é simplesmente o retorno externo, os *likes*, o número de seguidores, a propaganda de si. A comunidade que se evoca hoje nas redes sociais é a comunidade em forma de mercadoria, a comunidade do *Isso*; nela não encontramos o nós. Como Buber (2006) muito bem apresentou no "Eu-Tu", a cada avanço na sociedade aumenta o mundo do *Isso*; é dessa forma que, com todo avanço tecnológico, as redes sociais e o mundo digital vêm ampliando o mundo do *Isso*, o outro torna-se cada vez mais um meio para um fim, uma possibilidade para a autoafirmação de si mesmo.

A perspectiva do poder ilimitado na sociedade do desempenho, na qual não há limites nem barreiras, se desdobra na ideia da liberdade — poderíamos também dizer, na ilusão de uma grande liberdade. É a partir dela que, sustentados na autopromoção e no fechamento em nós mesmos, sem perceber caminhamos para uma autoexploração, que se desdobra em autoviolência, em uma exploração de si mesmo. A sociedade do trabalho e a sociedade do desempenho não são livres.

Dessa forma, o que traz liberdade também acaba por degradar, à medida que não se consegue mais desfrutar a própria vida. Cria-se uma ilusão de felicidade, restrita à realização no trabalho, ou a conversão do trabalho no único meio de autorrealização — na verdade, uma pseudoautorrealização. A violência neuronal e os adoecimentos psíquicos da sociedade do desempenho são precisamente as manifestações dessa liberdade paradoxal que vivemos; assim, liberdade e autoexploração caminham de mãos dadas.

Na opinião de Han, a depressão irrompe quando o sujeito do desempenho não é mais capaz de "poder". Quando ele se percebe e se descobre cansado de desempenhar, o animal que trabalha e explora a si mesmo se torna ao mesmo tempo a vítima e o agressor, enredado também nessa pretensa liberdade. O autor (2015, p. 29) afirma que "[a] depressão é o adoecimento de uma sociedade que sofre sob o excesso de positividade. Reflete aquela humanidade que está em guerra consigo mesma".

Esse é um dos esquecimentos que vivemos na atualidade: só podemos ser livres no ser-com, na relação com o outro, na vida em comunidade.

O encapsulamento em si mesmo, que condena o ser humano contemporâneo a não se relacionar com algo diferente, com algo que vai além de si mesmo, procurando uma contínua autossatisfação, empobrece sua capacidade relacional, sua condição de disponibilidade; podemos pensar sua abertura originária ao existente, favorecendo a efemeridade das relações atuais — relações líquidas, que só se mantêm enquanto o outro não nos confronta. Dessa forma, na atualidade afugentamos a confiança, o compromisso, a promessa, a fidelidade, a escuta, a empatia e a entrega. E aqui percebemos e reconhecemos o óbvio: a negatividade é imprescindível para uma abertura ao outro; preservar limites torna-se fundamental para que possamos preservar uma relação ao outro.

A velocidade do mundo digital é uma das marcas da contemporaneidade; ela favorece nosso desalojamento, na medida em que estamos sempre apressados e num ritmo não sintônico ao tempo dos processos humanos. Na era do imediatismo, essa pressa e esse ritmo também favorecem adoecimentos, ao nos desconectarem do tempo dos processos, nos roubarem o tempo da espera, o tempo para que os sentidos se desvelem a partir da condição de nos tornarmos campo no qual possa florescer tudo que nos toca. A perda da contemplação e a pressa nos distanciam daquilo que é fundamental.

Trazendo essa questão para a prática clínica, penso ser importante ressaltar o cuidado ético com a questão da temporalidade e seus desdobramentos, como muito bem nos lembra Alvim (2018, p. 351):

> [...] no mundo contemporâneo, em que a temporalidade como referência da existência é submetida à velocidade e ao tempo cronológico, tempo da produtividade, uma ética da lentidão se impõe como necessidade premente para que possamos levar a cabo nossa tarefa como terapeutas e pessoas engajadas na política da trans-forma-ação.

Portanto, trata-se de um convite para favorecer as condições para que, na relação terapêutica, o cliente experiencie seu modo de estar no mundo de forma mais contemplativa e compassiva, a partir de uma melhor condição de presença, respeitando seu tempo e seu ritmo, a temporalidade dos processos humanos.

No estado de contemplação, saímos de nós mesmos, alcançamos uma possibilidade de doação e de entrega, mergulhamos na experiência vivida. Pensando na perspectiva buberiana, são vivências da ordem do Eu-Tu oriundas da nossa condição de abertura e disponibilidade para o outro.

Logo, boa parte da proposta de Han se fundamenta no resgate da condição contemplativa do humano na atualidade, enquanto vivemos uma polarização a partir do momento em que o capitalismo neoliberal consegue impor o paradigma da sociedade do desempenho, da vida ativa, em detrimento da perspectiva contemplativa.

Han (2015) enfatiza que a vida está desnuda, na medida em que se encontra despida de toda sua possibilidade de transcendência, reduzida na sua imanência, tomada de hiperatividade. A histeria do trabalho e do desempenho são as reações a toda essa contingência, desvelando a carência de ser. Também a aceleração do tempo em que vivemos tem relação com tal carência.

> Hoje, impõe-se em todo lugar a forma de vida consumista, na qual toda necessidade deve ser satisfeita *imediatamente*. Não temos mais a paciência para a espera, na qual algo pode lentamente *amadurecer*. O que conta é apenas o efeito de curto prazo, o êxito rápido. Ações se encurtam em reações. Experiências se diluem em

> vivências. Sentimentos se empobrecem em emoções e afetos. Não temos acesso à realidade, que só se revela a uma atenção contemplativa. (Han, 2023, n. p.)

Para Han (2023), o resgate da vida pela dimensão contemplativa nos leva em direção ao fundamental; só assim voltamos a habitá-la sobre sua secreta razão.

Outro aspecto apontado por Han (2017) é o excesso de exposição que vivemos e vem transformando cada vez mais a sociedade numa sociedade da exposição, uma sociedade pornográfica.

Na sociedade expositiva, cada pessoa é seu próprio objeto de propaganda, atarantada pela coerção à exposição e à visibilidade; na sociedade pornográfica, tudo está voltado para fora, despido, desnudo. Vivemos num nível constante de exposição, à medida que nos tornamos produtos e estamos inteira e continuamente expostos para o consumo. Esse excesso de exposição transforma tudo em mercadoria, é uma economia capitalista na qual tudo gera valor. Desdobramento da obesidade de todos os sistemas na sociedade atual: os sistemas de informação, de comunicação e de produção (Han, 2017).

Na sociedade expositiva, perdemos a sedução, perdemos o desejo, perdemos Eros. É dessa forma que o erótico se torna pornográfico: perdemos o véu que preserva e, ao preservar, sustenta o mistério que não nos permite estar inteiramente disponíveis. Nessa sociedade da exposição, a sexualidade se dissolve em *performance* feminina e desempenho masculino.

Os paradigmas atuais não preservam o valor interior, mas medidas exteriores que se procuram corresponder; assim, vivemos a absolutização do visível, da imagem e do exterior.

Essa coação expositiva favorece a alienação do próprio corpo, que é coisificado. Nesse "corpo coisa", não é possível morar: a exposição aniquila o próprio morar, o habitar, a constituição do corpo em morada, visto que a lógica é essa contínua necessidade de exposição e de exploração do corpo coisa, objeto, disponível para ser consumido.

Também o mundo se transforma em espaço de exposição, um mercado onde se expõem, se vendem e se consomem intimidades, tornando quase impossível a morada. Han (2017) lembra que, para Heidegger, habitar é igual a estar satisfeito, em paz, permitindo o permanecer onde se está. O habitar não é possível quando vivemos somente no polo da exposição, sem tempo nem espaço para o recolhimento, sem validação e confirmação do refúgio em si, favorecendo a capacidade contemplativa e toda a constituição da subjetividade. O imperativo da exposição e da transparência suspeita de tudo que não se submeteu à visibilidade, e nisso está o poder da violência.

A exposição excessiva favorece novos adoecimentos. A coerção pela exposição, pelo desempenho, ameaça a paz e a condição de tornar o corpo nossa morada, bem como fazer deste mundo um mundo da gente.

> Para Heidegger, os poetas e os artistas deixam as coisas simplesmente serem e, desta forma, abrem tempo e espaço para que elas saiam e se mostrem. Na sociedade do desempenho não se pode perder tempo, todo tempo para a pausa, para o ócio, para o não fazer e, que escapa à lógica do desempenho, é apartado do mundo, e assim perdemos o tempo da contemplação. Não temos tempo e espaço para simplesmente deixar as coisas serem e assim, na nobreza do silêncio e da pausa, não criamos as condições para

> habitarmos o mundo poeticamente, permitindo que os sentidos naturalmente possam ir se desvelando. Para ele, a poesia é um modo de ser e, recorrendo a Holderlin, reafirma que poeticamente o homem habita neste mundo. (Veras, 2023, p. 111-112)

Na sociedade do desempenho, precisamos performar, e dessa forma vamos perdendo a condição de habitar o mundo poeticamente. O encontro do imanente e do transcendente é o habitar o mundo poeticamente. A sociedade atual vem perdendo sua condição de transcendência, sua condição de ir em direção ao outro diante de si, do outro acima de si.

Estamos em uma sociedade que transformou o cuidado de si em uma total histeria, obsessão pela saúde, uma pseudossaúde focada em beleza física, parecer saudável, fuga do envelhecimento, tentativa de se manter idêntico, fuga da morte.

A redução da vida a processos biológicos é o que a deixa desnudada, despida de toda sua narratividade. A coação de conservar a vida desnuda surge à medida que vamos também nos distanciando das técnicas narrativas da morte. A saúde, melhor dizendo, a obsessão pela saúde não alcançaria essa absolutização se existisse uma perspectiva de sentido que se elevasse acima da vida.

Outro fenômeno que também percebemos na atualidade é a fragmentação da nossa atenção, também marcada pelo excesso de positividade, que se apresenta como excesso de estímulos, informações e impulsos que vão modificando a maneira como organizamos e sustentamos nossa atenção.

A significativa sobrecarga de trabalho e aumento de exigências implicam toda uma técnica específica relacionada ao tempo e a própria atenção, comprometendo a economia da estrutura da atenção. Desenvolve-se uma capacidade de atenção ampla, mas sem a capacidade de aprofundamento; perde-se condição do aprofundamento contemplativo, o que favorece a hiperatividade, a hipercomunicação.

O mundo digital favorece a fragmentação da nossa atenção. Convida o olhar a perambular inquieto, vagando de uma tela para outra, de uma janela para outra, num movimento sem fim, na medida em que não alcançamos naturalmente a experiência de fechamento nesse universo. Some-se a isso o fato de precisar ser multitarefa, convocando a mudança de foco constante entre várias atividades e demandas, fontes informativas, processos em andamento, um enxame de estímulos que favorecem a dispersão, comprometendo toda a nossa capacidade de isolamento e fechamento do campo ou favorecendo o seu polo oposto, o hiperfoco.

Dessa forma, a atenção profunda que interliga "a instabilidade dos olhos", favorecendo o recolhimento contemplativo, é o que teremos grande dificuldade de vivenciar.

Tudo isso também compromete nossa capacidade de entrega ao outro, as relações, a própria vida. Na contemporaneidade, o bem viver, com toda sua arte, tão bem elaborado e desenvolvido pelos gregos, cede lugar ao sobreviver.

Parte da sensação de aceleração temporal que vivemos na atualidade, para Han (2015), se dá pela impossibilidade de fechamento ou da conclusão faltante que boa parte das plataformas do mundo digital não permitem. Assim como o tempo do trabalho também é um tempo sem início e sem fim, sem conclusão, na atualidade não temos nenhum outro tempo que não o do trabalho. No mundo digital, vivemos uma alternância ininterrupta de imagens que torna impossível repousar o olhar, permitindo um reparar; não há uma condição espaço/tempo que gere um envolvimento, uma entrega, uma vivência de embevecimento do olhar, para que se possa desvelar o "essencial".

Zapeamos pelas redes de uma tela para outra numa grande e contínua alternância de imagens, nas quais somos teleguiados pelos algoritmos, que sempre nos apresentam mais uma janela ou imagem de interesse, a partir de tudo aquilo que naturalmente vamos entregando ao universo digital, estruturado pelo conhecimento de nossos interesses, gostos e motivações. O não fechamento ou a conclusão faltante do universo digital se apresenta como uma das grandes questões da atualidade e também se desdobra num novo sintoma: nossa adição a tal universo.

Um dos aspectos a ser resgatado na atualidade é desfrutar a vida como ela é, desfrutá-la naquilo que vai além de nós e não no centramento em si. Parte dessa condição de desfrute da vida tal como ela se apresenta passa pelo resgate da abertura e da disponibilidade em relação à própria vida, ao outro.

Quem vive na autoprodução e autopromoção, se exibindo e se expondo, é incapaz de pausar, escutar e, consequentemente, contemplar. Hoje, a autorregulação organísmica passa também pela necessidade de resgatarmos o frescor e o sabor do tempo — o tempo da entrega, da disponibilidade para o outro — favorecendo assim uma melhor ambiência para o acontecer do humano. O enxame de informação que acelera e sufoca o pensamento nos rouba o tempo bom, favorece a perda dos referenciais, dos vínculos significativos, rompe com as coisas fundamentais (Han, 2021).

Essa é a revolução temporal da atualidade, que Han (2021) encontra na perspectiva dialógica de Martin Buber:

o resgate do tempo da doação genuína ao outro, que não é o tempo da expectativa do desempenho, do resultado da entrega ao trabalho, do descanso do trabalho, mas o tempo como disponibilidade e interesse destinado ao outro e que pode trazer ao próprio tempo o seu aroma, o seu frescor, que assim alimenta o espírito humano.

O tempo que acontece como doação ao outro é o tempo que não se acelera, no qual não há eficácia, não há rendimento, não há conquista; vivemos a experiência de rendição ao próprio tempo, e cabe aqui a máxima de Caio Fernando Abreu (2014, p. 55): "Um amigo me chamou para cuidar da dor dele, guardei a minha no bolso e fui". O tempo do eu, do ególatra, isola; o tempo do Eu-Tu, da doação, silencia o espírito, apazígua a alma, eterniza o tempo.

Só o tempo como genuína doação ao outro cria laços fortes; só a ressurreição do outro poderá nos libertar da pobreza contemporânea, nos lembra Han (2021).

Na atualidade, a restrição de tempo como doação ao outro torna-se um dos responsáveis pela inconsistência dos laços afetivos, pela efemeridade e liquidez das relações, que se desdobram em uma busca desenfreada de mais consumo e hipercomunicação. Para Han (2015), o capitalismo destrói cada vez mais os laços fortes e, portanto, as coisas queridas são cada vez mais raras.

Outro aspecto da contemporaneidade, de acordo com Han (2022, p. 10), é que "[a] ordem digital descoisifica o mundo ao informatizá-lo". Ou seja, a ordem terrena foi substituída pela ordem digital. Assim, a informatização e toda a ordem digital passaram a determinar os rumos do mundo e coparticipam do processo de subjetivação humana. Corremos atrás de dados com a ilusão de que conheceremos, sem perceber que os dados não garantem conhecer; viajamos sem adquirir experiência, sem nos tornarmos peregrinos em nossa jornada. Somos eternos turistas, no sentido de que a viagem não nos transmuta (Han, 2017).

Poder nos tornar peregrinos em nossa existência nos sensibiliza para a dimensão maior do nosso existir, nos desperta para o encantamento da jornada humana em busca de sua verdade, de sua redenção, de sua libertação, de sua cura para nossos sofrimentos.

Hoje, vivemos a distorção de que, ao estarmos conectados, estamos vinculados. Comunicamo-nos sem estar em comunidade, sem a possibilidade de constituirmos comunidades, uma comunidade de destino, uma comum unidade entre humanos. Armazenamos dados sem a capacidade de recordar, sem a memória afetiva da experiência vivida, somos amigos sem encontrar o outro. Para Han (2022), é dessa forma que nos tornamos *infômanos*, fetichistas dos dados, prisioneiros das informações esvaziadas de sentido, de afetividade em nossos corações, alimento sagrado que brota da graça do encontro, que se desdobra na certeza de que moramos no coração do outro e da vivência de que o outro nos habita.

Concluo este texto após a grande tragédia das cheias no Rio Grande do Sul, ocorrida no primeiro semestre de 2024, que abalou o Sul e despertou o Brasil para os efeitos do antropoceno, a era na qual a comunidade humana está vivendo os efeitos de nossas ações contra a Terra. Os efeitos climáticos nos desafiam e nos convocam para nossa necessidade/capacidade de autorregulação para preservar nosso planeta e permitir a continuidade da existência das novas gerações.

Retornando ao nosso ponto de partida, penso que as críticas de Han ao capitalismo neoliberal e seus desdobramentos, assim como a maneira como estamos nos relacionando com os recursos e dispositivos tecnológicos na atual sociedade do cansaço, apresentam novas perspectivas e possibilidades para refletirmos sobre maneiras de criar novas formas de ajustamento criativo nos processos de autorregulação na contemporaneidade.

REFERÊNCIAS

Abreu, Caio Fernando. *Pequenas epifanias*. 4. ed. Rio de Janeiro: Nova Fronteira, 2014.

Alvim, Mônica Botelho. "O *id* da situação como solo comum da experiência". In: Robine, Jean-Marie (org.). *Self — Uma polifonia de Gestalt-terapeutas contemporâneos*. São Paulo: Escuta, 2018.

Buber, Martin. *Eu e tu*. 10. ed. São Paulo: Centauro, 2006.

Cardoso, Cláudia Lins. "Homeostase". In: D'Acri, Gladys; Lima (Ticha), Patricia; Orgler, Sheila (orgs.). *Dicionário de Gestalt-terapia — "Gestaltês"*. São Paulo: Summus, 2007.

A filosofia de Byung-Chul Han. Produção de Lucas Nascimento Machado. São Paulo: Casa do Saber, [2023]. Videoaula (148 min).

Han, Byung-Chul. *Sociedade do cansaço*. Petrópolis: Vozes, 2015.

_____. *Sociedade da transparência*. Petrópolis: Vozes, 2017.

_____. *Filosofia do zen-budismo — Uma desconstrução da história da paixão ocidental*. Petrópolis: Vozes, 2019.

_____. *Favor fechar os olhos — Em busca de um outro tempo*. Petrópolis: Vozes, 2021.

_____. *Não-coisas — Reviravoltas do mundo da vida*. Petrópolis: Vozes, 2022.

_____. *Vita contemplativa — Ou sobre a inatividade*. Petrópolis: Vozes, 2023.

Lima, Patrícia V. de Albuquerque. "Autorregulação organísmica e homeostase". In: Frazão, Lilian Meyer; Fukumitsu, Karina Okajima. *Gestalt-terapia — Conceitos fundamentais*. São Paulo: Summus, 2014.

Veras, Roberto Peres. "A espiritualidade: contemplação e arte como caminhos para ir além de si mesmo". In: Peixoto, Paulo de Tarso de Castro (org.). *Gestalt-terapia e espiritualidade*. Macaé: Ecovie, 2023.

3.
Corporeidade e adoecimento: corpo e mente

SILVIA IVANCKO

Todos os seres vivos têm o instinto de preservação e perpetuação da espécie. As plantas, naturalmente, procuram a luz solar esticando o caule em direção a essa energia que necessitam para realizar a fotossíntese e alongam as raízes em busca da água no caso de escassez. Cada uma tem o seu modo de perpetuar a espécie: algumas, por exemplo, produzem flores atrativas aos insetos e pássaros que farão a polinização, gerando assim frutos com sementes que darão origem a novas plantas da mesma espécie. Outras produzem flores que contêm sementes e, com a ação dos ventos, se espalham e se reproduzem.

No reino animal, observamos o instinto de preservação em vários aspectos, como na cadelinha que está amamentando e precisa de cálcio lambendo uma parede de cal, e em cães e gatos comendo "matinhos" para aliviar dores estomacais. Tudo isso acontece sem nenhuma racionalidade.

A teoria de estresse de Hans Seyle mostra-nos um aspecto muito interessante do instinto animal, que inclui o ser humano. Desde os primórdios dos estudos de estresse, Seyle (1965) usou o termo para nomear o conjunto de reações que um organismo desenvolve ao ser submetido a uma situação que exige esforço para a adaptação. O autor relata que o organismo, quando exposto a um estímulo percebido como ameaçador à homeostase, ao equilíbrio, tende a responder de forma uniforme e inespecífica, anatômica e fisiologicamente. Seyle chamou esse fenômeno de "síndrome geral de adaptação".

Portanto, estamos continuamente entrando em estresse e nos adaptando a cada novo momento em nossa vida. Faz parte estar em uma nova situação e nos adaptar para reagir àquele momento.

A síndrome geral de adaptação foi classificada em três fases: reação de alarme, fase de resistência e fase de exaustão.

Na *reação de alarme*, o organismo, ao sentir-se ameaçado, prepara-se para a luta ou fuga, aumentando assim a frequência cardíaca e a pressão arterial, permitindo maior oxigenação celular. O baço se contrai, levando mais sangue à circulação; o fígado libera açúcares para gerar mais energia para os músculos e o cérebro; a frequência respiratória aumenta, dilatando os brônquios para captar e receber mais oxigênio. Além disso, as pupilas se dilatam, aumentando a eficiência visual, e os linfócitos são aumentados na corrente sanguínea, a fim de reparar possíveis danos ao tecido. Os esfíncteres liberam fezes e urina para ficarmos mais leves e podermos lutar ou fugir, dependendo do caso. Por isso, muitas vezes, em situações de ansiedade ou medo, temos diarreia.

Essas reações são desencadeadas por descargas adrenérgicas da medula da suprarrenal e da noradrenalina. Ao se extinguirem os agentes estressantes, elas tendem a regredir até desaparecerem. Porém, se o organismo for obrigado a manter seu esforço de adaptação, entrará na fase de resistência.

A *fase de resistência* caracteriza-se pela reação de hiperatividade córtico-suprarrenal, mediada pelo diencéfalo e hipófise, com aumento no córtex da suprarrenal, desencadeando a atrofia do baço e das estruturas linfáticas, leucocitose, diminuição de eosinófilos e surgimento de ulcerações. Ao persistirem os agentes agressores por repetição, ou por se tornarem crônicos, o organismo entra em fase de exaustão.

Por fim, a *fase de exaustão* é caracterizada pela diminuição de amplitude e antecipação das respostas, podendo gerar falhas nos mecanismos de defesa, dificuldade na manutenção de mecanismos adaptativos, perda de reservas e inclusive a morte.

Segundo Rodrigues e Gasparini (1992, p. 99) em algumas doenças há um componente de esforço de adaptação:

> [...] como, por exemplo, nas úlceras digestivas, nas alterações dispépticas, crises hemorroidárias, alterações da pressão arterial (ditas essenciais), alterações na parede dos vasos sanguíneos, alguns tipos de doenças renais, alterações inflamatórias do aparelho gastrintestinal, diversas afecções dermatológicas, alterações metabólicas várias, manifestações alérgicas, artrites reumáticas e reumatoides, perturbações sexuais, comprometimento do sistema imunológico e algumas alterações tireoidianas.

O estresse não é um inimigo, mas um aliado que ajuda a identificar ameaças à integridade. O que trará prejuízos é o estresse crônico de longa duração, que impede o organismo de restabelecer o equilíbrio, ou um estresse agudo e profundo, que provoca um súbito desequilíbrio com dificuldade ou impossibilidade compensatória.

A autorregulação é a tendência natural dos seres vivos.

Agora vamos focar no ser humano.

Estudos de neurologia confirmam a ideia gestáltica de que sentimentos e emoções são involuntários e precedem a *awareness*.

O neurologista português António Damásio (2004) relata que as emoções podem ter razões evolucionárias e/ou se transformar em estímulos-emocionais-competentes (EEC) no curso da experiência individual (inclusive, podem ser estimuladas pela memória ou evocação imaginativa). Segundo o autor, das áreas cerebrais mais importantes identificadas como desencadeadoras de emoção, encontramos amígdala, córtex pré-frontal ventromedial, prosencéfalo basal, hipotálamo e núcleos do tronco cerebral.

Os sentimentos, os pensamentos e a imaginação são registrados nas regiões do córtex cerebral, sobretudo os córtices do lobo frontal, no polo frontal, e das regiões laterais. Damásio (2004) monitorou diversos parâmetros fisiológicos por meio de eletrodos conectados aos sujeitos e observou que alterações fisiológicas se manifestavam no início da fase de sentimentos. Os sujeitos foram expostos a sessões de cinema com cenas de vários temas, como violência, romance, injustiça, sexo, compaixão etc. As alterações observadas foram: mudanças no ritmo cardíaco e condutância cutânea no momento atuante da emoção, seguidos por alterações de temperatura corporal, estados de dor, o corar da pele, arrepios, comichão, sensações viscerais e genitais, estado da musculatura lisa dos vasos sanguíneos e das paredes das vísceras, o pH local, nível de glicose, osmolaridade e presença de agentes inflamatórios.

As sensações das emoções ocorrem no sistema límbico, e não temos nenhum controle sobre o sentir. Podemos, por vezes, orientar corticalmente alguns comportamentos posteriores à reação límbica, mas não impedir a emoção. Ou seja, o sentimento e a emoção não são controláveis, o que podemos controlar são nossas ações em relação ao que sentimos.

Na Gestalt-terapia nos fundamentamos em conceitos tais como holismo, contato, *awareness*, campo, autorregulação organísmica, homeostase, fronteira de contato, parte e todo, figura-fundo, aqui e agora, entre outros.

Partindo do conceito de holismo, o ser humano é um todo indivisível, mas quando uma parte se altera, haverá a alteração do todo.

Para efeitos didáticos, na minha dissertação de mestrado (2006) visualizei um hexágono integrativo com seis aspectos que podem influenciar o todo. Integrativo porque todas as partes se comunicam — uma pode influenciar todas. Os vértices desse hexágono são: psicológico, físico, espiritual, químico, biológico e social.

Ao psicológico atribuímos nossos sentimentos, emoções e pensamentos, e esse é o foco do nosso estudo.

O pilar físico é atribuído às características da física que compõem nosso corpo, ou seja, átomos, prótons, nêutrons e ações de radiações sofridas. Como exemplo, temos as vítimas de Tchernóbil, Césio 137, Hiroshima e Nagasaki, que sofreram mutações celulares e genéticas gravíssimas. Por causa dessas influências é que nos protegemos com aventais de chumbo para nos resguardar das interferências do raio X.

No pilar espiritual estão a relação e a conexão da pessoa com ela mesma, o que implica fundamentalmente o autocontato. Diferentemente de religiosidade, um encontro interior com seu Eu supremo. Momentos sublimes de contemplação, completude, satisfação e retração.

Quando pensamos em espiritualidade, vem à mente um poder criador, a natureza, o respeito a si e ao próximo, a ética, a moral, a integridade, a ciência, o amor, a dignidade e tantas outras possibilidades.

Ao se falar de espiritualidade, é indispensável citar Viktor Frankl (1978, p. 131), cujos trabalhos científicos estão sempre calcados nesse aspecto. Explica o autor que "[...] o físico é dado pela hereditariedade — o psíquico é dirigido pela educação; o espiritual, contudo, não pode ser educado, tem que ser realizado — o espiritual 'é' só na autorrealização, na 'realidade da realização' da existência".

No aspecto químico, encontramos as características hormonais e químicas da composição do nosso corpo, incluindo as secreções glandulares naturais ou consumidas por medicação.

Os distúrbios hormonais podem gerar alterações físicas ou de humor, tais como obesidade, depressão, falta de libido, entre outras, que se não identificadas podem gerar uma demanda incorreta, se olharmos somente os sintomas e não as causas. Atualmente, muito se recorre à química medicamentosa para ansiedade, depressão, insônia e irritabilidade, e poucos procuram entender a origem desses sintomas e tentar uma autorregulação.

No aspecto biológico, temos os nossos órgãos e nosso corpo com sua história, acidentes, doenças prévias ou atuais, idade e características genéticas. Assim, a ênfase desse aspecto incide em características físicas de altura, peso, raça, tom de pele, fragilidades genéticas, vulnerabilidade e idade.

No aspecto social está todo o campo. Inclui-se a família, a sociedade, a cultura, a religião, o momento histórico e político em que se vive. A interferência advinda inicialmente desse aspecto pode influenciar o todo quando imaginamos que o indivíduo que recebe informações de uma família italiana e católica possa ser diferente de outro de família nipônica e budista, por exemplo.

Qualquer uma das partes que possam sair do seu equilíbrio acarretará a mudança no indivíduo como um todo, gerando necessidades. E previamente vamos convir que o desequilíbrio acontecerá por necessidades, que emergem como figura o tempo todo. Assim, devemos considerar um equilíbrio dinâmico que oscila entre a necessidade que emerge e a satisfação dessa necessidade. Abrindo e fechando *Gestalten*, e isso é vida! Isso é saúde!

Um dos objetivos da Gestalt-terapia é resgatar a harmonia e o bom funcionamento do organismo, tanto no aspecto emocional como no físico — ou melhor, em ambos, pois não há como alterar uma parte sem modificar o todo.

Na visão holística do ser humano, percebemos que focar na saúde biológica é somente um recorte para um olhar cuidadoso sobre um aspecto, mas que não perde de vista o caráter da totalidade.

Para Perls (1977), o viver harmônico e saudável implica prestar atenção, estar *aware* de nossas necessidades e, na medida do possível, tentar satisfazê-las. Desse modo, o objetivo é aproximar as pessoas do contato consigo, fazer parte do mundo contemporâneo sem que se perca a verdadeira essência. Enquanto Perls, nos anos 1960, exercitava o livre expressar, sentir e agir num período histórico em que o ser humano conquistava a liberdade, hoje lutamos para preservar nossa função ego do *self*, maculado pela força da massificação, da conjuntura, do momento sócio-histórico-político e da influência da mídia, de *influencers* e *coaches*, que representam interesses outros e não o bem-estar individual e coletivo. Somos e estamos no campo, fazemos parte, respeitamos regras, leis e muitas vezes nos perdemos de nós mesmos em detrimento de estarmos de acordo com a "maioria", com a moda, com a necessidade de agradar aos outros, de ser amado. O preço que pagamos se reflete em distúrbios alimentares, aumento da violência, doenças psicossomáticas, insatisfação, depressão, ansiedade, vazio, insaciedade e estresse, num mundo competitivo que exige cada vez mais em quantidade e oferece cada vez menos em qualidade.

O que fazer com nossa autorregulação: saciar nossas necessidades numa sociedade que nos cobra resultados, perfeição, rapidez, eficiência, mesmo que isso possa custar nossas horas de sono, um *fast food* em vez de uma refeição, um fim de semana trabalhando, renunciando ao convívio familiar, a "sagrada" hora do banheiro...? Enfim, temos de nos adaptar, mas quanto podemos ceder sem nos prejudicar? Onde fica o Eu que sente, pensa, quer, deseja, necessita?

A doença e a disfunção vêm como uma manifestação tanto das nossas insatisfações pessoais quanto de nossas relações com o mundo, expressão do sofrimento, ajustamento criativo. Muitas vezes, é a melhor forma que encontramos para enfrentar uma situação para a qual não estamos preparados, com a qual temos dificuldade ou simplesmente que não queremos.

Portanto, a doença não é um "mal", mas, de certa forma, nos protege de outras situações ou expressa insatisfações, necessidades não satisfeitas.

No nosso cotidiano, convivemos com enxaquecas, gripes, gastrites, alergias, viroses, dermatites, constipação, diarreia, amidalite e tantos outros sintomas que se manifestam, se expressam e muitas vezes desaparecem como que por "encanto" quando o conflito que as desencadeou desaparece.

A doença assume características de figura e assume grandes proporções, mal configuradas, sem a nitidez da boa forma. Só temos olhos para ela, que emerge a todo momento, e pensamos em como destruí-la. Entretanto, a destruição da figura/doença só é possível na medida em que a olhamos, deixamos que se torne nítida, que "fale".

Para que essa figura se torne nítida e transmita a sua mensagem, é necessário melhorar o contato. Vê-la, ouvi-la, senti-la até que se torne uma figura forte e se possa ficar *aware* de seu desejo. Escutar, dialogar com uma figura indesejável com amor, compreensão e paciência não é uma tarefa fácil. Mas se compreendermos que a doença não é uma inimiga, e sim uma aliada que quer nos dizer (ou gritar) que algo não está bem no nosso funcionamento, participaremos da nossa saúde.

É importante ressaltar que o ser humano é único. Assim, nenhuma enfermidade é igual à outra e cada paciente adoece de acordo com suas possibilidades ou impossibilidades no aqui e agora.

Para compreendermos as mensagens enviadas pelas nossas dores/doenças, utilizamos a técnica da cadeira vazia, tão usada pelo nosso mestre Fritz Perls. Assim, colocaremos o órgão em questão na cadeira à frente, revelando o diálogo entre as partes, incluindo a troca de papéis e trabalhando as projeções até que se decifre fenomenologicamente a mensagem oculta na dor.

Procuramos eternamente a homeostase, que é um processo dinâmico. Por meio da autorregulação, o organismo busca o equilíbrio, a saúde, embora possa divergir dos conceitos em geral sobre saúde ou equilíbrio. Muitas vezes uma doença crônica pode ter um caráter homeostático, tendo em vista que o indivíduo deseja o alívio da dor e prefere lidar com aquela doença que possa causar menor dor.

Assim Perls (1977, p. 96) se refere à homeostase que pode ocorrer no processo de uma suposta doença:

> [...] embora o neurótico queira ser "curado", também se sente mais seguro e bem estruturado com sua neurose do que sem ela, e teme que a terapia bem-sucedida o lance num buraco sem fundo. Ele preferiria suportar aquelas doenças que tem do que se precipitar noutras das quais não sabe nada.

Nesse sentido, Stevens (1977, p. 114) enfatiza que o importante, nesses casos, é tentar ouvir o que os sintomas têm a dizer.

> Ele o mantém fora de perigo, lhe dá descanso quando há trabalho demais, tira-o de atividades desagradáveis às quais você não diz "não", chama a atenção dos outros, dá-lhe castigo "merecido", ajuda-o a evitar tarefas desagradáveis etc.? Qualquer que seja a sua descoberta a respeito do que o sintoma faz por você, você pode explorar algumas formas, que não sejam ficar doente para alcançar os mesmos resultados.

Assim, o autor sugere que seria melhor que cada um tomasse consciência das necessidades do seu corpo, já que ignorar o que acontece e não respeitar os limites pessoais possibilita a chegada da doença. "Se um sintoma lhe propicia atenção e cuidado de outros, talvez haja algum outro modo de pedir atenção e cuidado. Muitas vezes, quando esta segunda alternativa surge, o sintoma melhora e desaparece", conclui Stevens (1977, p. 114).

O autor encerra se referindo aos diálogos entre as partes que favorecem um melhor conhecimento de si, por se tornar menos fragmentado e revelar maior consciência de seu funcionamento, levando a pessoa a uma vida mais centrada, simples e menos confusa. Assumindo responsabilidades pelo que fazem, as pessoas tornam-se aptas a agir de modo direto e honesto, tornando as suas ações mais eficazes e menos autodestrutivas.

Perls evidenciou em seu trabalho a "psicossomática" — coloco entre aspas porque não gosto dessa palavra, que já é dicotômica (psico-soma) e não reflete a unicidade, o holismo do funcionamento do "corpomente", em que a relação intrínseca das partes é o todo. Porém, o que quero mostrar é a habilidade do mestre em reconhecer esses processos.

Segundo Perls, Hefferline e Goodman (1997, p. 78-79), só nos damos conta de que existe uma mente quando sofremos de enfermidades psicossomáticas, o que é assustador. Mas ao menos nos apropriamos do corpo e da mente que somos, assumindo como "nossas" as dores ou os sintomas. A doença como figura inacabada somente se extinguirá quando houver a cura ou a morte.

Perls, Hefferline e Goodman (1997, p. 78, grifos dos autores) também contam um caso em que o paciente apresentava dores de cabeça, falta de fôlego e sinusite, além de não conseguir chorar, e fazem uma retrospectiva de vida desse paciente, identificando a causa da doença:

> Firmemente plantado em sua mente amada ou desprezada, nosso homem não percebe que está controlando deliberadamente seu corpo. Trata-se de seu *corpo*, com o qual tem certos contatos externos, mas não se trata *dele*; ele não sente a si mesmo. Suponha agora que ele tenha muitos motivos para chorar.
>
> Todas as vezes em que se emociona até ficar à beira das lágrimas, ele, não obstante, não "se sente com vontade de chorar", e não chora; isto é porque se habituou, há muito tempo, a não perceber como está inibindo muscularmente essa função e cortando o sentimento — pois há muito tempo esse sentimento levou-o a ser humilhado e até mesmo surrado.
>
> Em vez disso, ele agora sofre de dores de cabeça, falta de fôlego, e até de sinusite.
>
> (Estas constituem agora mais coisas para chorar.) Os músculos dos olhos, a garganta e o diafragma são imobilizados para impedir a expressão e a *awareness* do choro que está vindo. Contudo, esse autocontorcer-se e autossufocar-se provocam excitações (de dor, irritação ou fuga) que devem, por sua vez, ser bloqueadas, pois um homem tem coisas mais importantes, como as letras e as ciências, para ocupar sua mente do que a arte da vida e o autoconhecimento délfico.

Falando sobre Gestalt-terapia, eu não poderia deixar de citar o neurologista Kurt Goldstein, parceiro de Perls, que inclusive apresentou Laura a Perls. O mérito de Goldstein foi a criação da teoria organísmica. Ele recebeu soldados com lesões neurológicas vindos da guerra e observou que, mesmo tendo levado um tiro na cabeça e perdido parte da massa encefálica, novas conexões neuronais surgiam para suprir a área afetada. Essa reparação de autorregulação não ocorre somente na área neuronal, mas no corpo em sua totalidade.

Interessante que pude observar no meu corpo esse mecanismo enquanto escrevo neste momento. Nas minhas atividades de jardinagem, fui colocar umas presilhas de sombrite (tela que diminui a incidência solar em hortas e canteiros) e, devido ao esforço, adquiri uma tendinite em ambos os polegares, tendo de imobilizá-los. Ninguém pode imaginar o que é ficar sem os dedões, pois eles dão suporte a tudo — são quatro dedos de um lado e ele, o dedão, do outro. Sem os meus dedões de apoio, fiquei dois dias completamente inútil, mas no terceiro dia percebi meus indicadores assumirem as funções dos polegares. E já posso dar conta de coisas que não conseguia no primeiro dia de imobilização. Goldstein tem toda a razão! Autorregulamo-nos para obter o melhor proveito dos recursos que acessamos nos ajustamentos criativos.

Assim, gostaria de ressaltar também a importância do contato para se ficar *aware* das nossas necessidades. O ansioso tem muita dificuldade de ficar no aqui e agora e *aware* de suas necessidades, porque tenta estar lá e depois. Assim, precisamos puxar o "freio de mão", fazer contato conosco e descobrir a nossa real necessidade. Parece fácil, teoricamente, mas não é tão simples assim na prática, mas vou propor um exercício (quem me conhece sabe que sou da prática, e Gestalt é praticar, experimentar, sentir no aqui agora).

Em minha dissertação de mestrado, trabalhei com o órgão de choque, que seria um órgão sensível (não precisa estar adoecido), aquele que reage às situações atuais, tornando-se figura quando você está estressado, contrariado ou passou dos limites. Esse órgão de choque pode mudar conforme o tempo passa e os conflitos são resolvidos — Gestalt fechada — ou pode durar a vida toda, recebendo os impactos de uma Gestalt aberta. O órgão de choque pode estar clinicamente saudável, mas é na profilaxia que vamos investir. Esse órgão, ainda saudável nos exames, poderá adoecer depois de receber sucessivos impactos. Precisamos cuidar para que não adoeça ou cuidar do já adoecido.

A doença, as dores, os incômodos são mensageiros das situações em aberto; figuras malformadas revelam conteúdos encobertos a seu respeito. É importante lembrar que na Gestalt-terapia sempre se fala na primeira pessoa do singular: EU. Além disso, jamais se interpreta, pois na fenomenologia as coisas são como são, sem nenhuma interpretação. Por exemplo, o coração não significa amor. Fenomenologicamente, o coração é uma bomba localizada na parte centro-esquerda do peito que dá aquilo que recebe. Recebe de um lado e entrega do outro, não pode dar mais do que recebe. É o primeiro órgão que se manifesta desde quando se é um feto e o último a abandonar o corpo. Também pode ser retirado do corpo original e trabalhar em outro corpo. Nunca descansa, mas funciona mais lentamente quando dormimos. Trabalha muito quando vivemos situações de ansiedade, medo, extrema alegria ou quando praticamos exercícios para suprir as suas necessidades.

Vamos lá! Sobre a prática:

1. Eleja um órgão de choque, o que tem sido figura ultimamente.

2. Se você não conhece bem a função desse órgão, pesquise, saiba para que serve, o que faz no seu corpo.
3. Faça contato com esse órgão, deixando-o como uma figura bem nítida.
4. Sente-se numa cadeira e coloque o órgão na outra cadeira à sua frente (cadeira vazia).
5. Agora, inicie um diálogo entre você, como o todo e a sua parte, e o órgão em questão. Diga tudo o que você sente em relação a ele, que transtornos ele provoca, como ele se comporta, como ele te incomoda ou provoca dores.
6. Depois de ter dito tudo ao órgão, mude de cadeira e assuma o lugar dele. Assim você vai lembrar tudo o que ouviu do seu todo e responder às questões que souber.
7. Se necessário, mantenha o diálogo até que ele se esgote.
8. Avalie as semelhanças que você tem com o funcionamento desse órgão e se o sofrimento que ele enfrenta também se compara à sua dificuldade na vida.

Nem sempre a cadeira vazia se esgota em um diálogo com um órgão. Às vezes, esse órgão indica outro órgão ou uma pessoa, com quem continuamos a sequência na cadeira vazia até que a mensagem trazida seja compreendida.

Boas descobertas dos seus conflitos! Dê uma boa forma à figura (dor, doença, incômodo), escute essa figura e retire dela a mensagem que ela te traz.

Antes de encerrar, deixo um trecho do filósofo Nietzsche (1986, p. 110) que reflete quanto o contato consigo pode dar sentido, rumo e felicidade por ser simplesmente autêntico e verdadeiro.

A doença libertou-me lentamente: poupou-me qualquer ruptura, qualquer passo violento e chocante. Não perdi então nenhuma benevolência, ganhei muitas mais. A doença deu-me igualmente o direito a uma completa inversão de meus hábitos; ela permitiu, ela me ordenou esquecer; ela me presenteou com a obrigação à quietude, ao ócio, ao esperar e ser paciente... [...] Aquele Eu mais ao fundo, quase enterrado, quase emudecido sob a constante imposição de ouvir outros Eus, despertou lentamente, tímida e hesitantemente — mas enfim voltou a falar. Nunca fui tão feliz comigo mesmo como nas épocas mais doentias e dolorosas de minha vida.

REFERÊNCIAS

DAMÁSIO, António. *Em busca de Espinosa — Prazer e dor na ciência dos sentimentos*. São Paulo: Companhia das Letras, 2004.

FRANKL, Viktor E. *Fundamentos antropológicos da psicoterapia*. Rio de Janeiro: Zahar, 1978.

GOLDSTEIN, Kurt. *The organism*. Nova York: Zone Books, 2000.

IVANCKO, Sílvia Martins. *Uma compreensão psicossomática do órgão de choque através do trabalho com polaridades*. Dissertação (mestrado em Psicologia Hospitalar e Psicossomática). Pontifícia Universidade Católica de São Paulo, São Paulo, 2006.

______. "Prevenção e manutenção da saúde através da compreensão do órgão de choque". In: PINTO, Ênio Brito (org.). *Gestalt-terapia — Encontros*. São Paulo: Instituto Gestalt de São Paulo, 2009.

NIETZSCHE, Friedrich. *Ecce homo*. São Paulo: Max Limonad Ltda,1986.

PERLS, Frederick; HEFFERLINE, Ralph; GOODMAN, Paul. *Gestalt-terapia*. São Paulo: Summus, 1997.

PERLS, Frederick S. *A abordagem gestáltica e testemunha ocular da terapia*. Rio de Janeiro: Zahar, 1977.

RODRIGUES, Avelino Luiz; GASPARINI, A. C. L. F. "Uma perspectiva psicossocial em psicossomática: via estresse e trabalho". In: MELLO FILHO, Julio de *et al*. *Psicossomática hoje*. São Paulo: Artes Médicas, 1992, p. 93-107.

SEYLE, Hans. *Stress — A tensão da vida*. 2. ed. São Paulo: Ibrasa, 1965.

STEVENS, John O. *Tornar-se presente — Experimentos de crescimento em Gestalt-terapia*. 3. ed. São Paulo: Summus, 1977.

4. Regulação organísmica e perspectiva de campo em práticas de atenção plena

FÁBIO NOGUEIRA PEREIRA

Estudar o Caminho é estudar a si próprio. Estudar a si próprio é esquecer-se de si próprio. Esquecer-se de si próprio é ser iluminado por todas as coisas do Universo.
Mestre Eihei Dôgen Daioshô, Via Zen, s/d

A vida cotidiana atribulada, a aceleração das dinâmicas relacionais e o esgarçamento dos direitos básicos repercutem severamente na saúde individual e coletiva, deixando brechas para a vulgarização desmedida e sem critérios técnicos e éticos adequados das mais variadas tecnologias que a psicologia possa oferecer. O tensionamento das forças do campo e o esvaziamento das relações comprometem nossa capacidade de formar figuras suficientemente nítidas e energizadas para a mobilização organísmica, a sustentação de processos e a resolução daquilo que nos é requisitado pelo ambiente no qual estamos. Um dos erros mais rasos da apropriação das tradições orientais pela psicologia ocidental talvez seja seu foco restrito na otimização atencional e na redução de sintomas

(Gold e Zahm, 2018; Pereira, Dalgolbo e Silva, 2021). Afinal, se estamos mais atentos ao que acontece e não dispomos de suporte adequado no/do campo, ao invés de estarmos mais saudáveis, corremos o risco de adoecer, uma vez que, mesmo a ampliação da *awareness* levando a uma suposta figura mais nítida, a impossibilidade de lançar mão de ações criativas e reguladoras pode estar comprometida por vividos assimilados pela função personalidade e pelas condições do ambiente. Isso acontece porque o atravessamento processual não depende unilateralmente do próprio organismo, e sim do conjunto de forças presentes a cada contato, ou seja, não há regulação resultante unicamente pelas ações da pessoa individual, se não pelo todo do campo presente em dado momento.

O treino atencional também expõe a pessoa a estímulos aversivos e memórias traumáticas, entre outros fatores, incorrendo em situações de violência ético-política e retraumatização. Esse segundo contraponto a se lembrar é a individualização dos fenômenos em detrimento de uma compreensão de emergência interdependente dos fenômenos (Tomassini, 2016) — ou, em nosso linguajar, nas *Gestalten* formadas e das quais organismo e ambiente participam (Perls, 2019). Minha esperança pessoal reside numa brecha criada por essa apropriação tal qual um cavalo de Troia, produzindo mudanças de dentro para fora do sistema por meio de nuanças e dinâmicas não premeditadas na apropriação comercial e pasteurizada da psicologia budista, sobretudo pelas psicologias cognitivas (Pereira, Dalgolbo e Silva, 2021).

Assim como a Gestalt-terapia, outras tradições psicoterápicas se voltaram para compreender as mudanças culturais e paradigmáticas do século 20 a fim de desenvolver soluções para aqueles que padecem com o tensionamento do campo resultante do acirramento do capitalismo, sobretudo no capitalismo tardio observado a partir da virada do milênio. Atualmente, encontramos variadas metodologias psicoterápicas e corpos teóricos com influência de epistemologias orientais ou baseados em atenção plena (*mindfulness*). Todavia, nem sempre são discutidas as implicações de seus pressupostos filosóficos, ideológicos e teóricos, bem como pouco se atenta para implicações éticas e efeitos colaterais após a participação em treinamentos de atenção plena (Brown, 2016; Pereira, Dalgolbo e Silva, 2021; Schmidt, 2016).

É amplamente sabido que as raízes orientais influenciaram epistemológica e ideologicamente nossa abordagem gestáltica, além do tradicional tripé campo-fenomenologia-dialogismo. Volta e meia me questiono se falamos de alguns autores e fundamentos em detrimento de outros pela necessidade ou por força do colonialismo. Reconheço que nossos desenvolvedores iniciais não dão o devido crédito a nossas influências orientais, seja por descuido ou qualquer outra razão.

Logo, faz-se necessária essa reparação, uma vez que budismo e taoismo volta e meia são mencionados nos textos (por exemplo, Perls, 1969, 2019; Perls, Hefferline e Goodman, 1997), bem como em nossa práxis clínica e em nossas aulas em cursos de formação e *workshops*. Momotake (2018, p. 17) lembra que existem outros olhares a respeito das bases de nossa abordagem, considerando psicologia da Gestalt, existencialismo e "práticas orientais de *awareness*" (sic) como as do zen-budismo convergências que nos sustentam. Os diálogos formais e francos entre as duas tradições são escassos (por exemplo, Delacroix, 2021, 2022; Gold e Zahm, 2018;

Momotake, 2018; Naranjo, 2005, 2013; Pereira, 2021, 2022; Pereira, Dalgolbo e Silva, 2021; Rosmaninho, 2010; Veras, 2005, 2013). Ainda mais raras são as propostas de treinamento que incluam aspectos da psicologia budista e práticas meditativas de forma sistematizada, como sugerido por Gold e Zahm (2018) e Naranjo (2005).

DE ONDE PARTIMOS: A REALIDADE MAIS SIMPLES E PRIMEIRA

A vida acontece no encontro entre o organismo e o ambiente. Desde o primeiro capítulo do tomo teórico de nosso livro inaugural, os autores enfatizam que a primeira realidade e a mais simples é o contato (Perls, Hefferline e Goodman, 1997). É da relação que desenvolvemos com nosso entorno e as pessoas e de suas afetações que sentimos, pensamos e agimos. É nessa relação que nos nutrimos e somos desafiados a adotar novas atitudes para continuar nos relacionando com o ambiente e conosco.

Entretanto, vale lembrar que essa relação não é suave ou gentil. Muito pelo contrário, ela demandará de nós *awareness* e agressividade, dois conceitos básicos da abordagem gestáltica. Por *awareness* entendemos a atenção basal e somática, pré-verbal e pré-reflexiva, da qual o organismo dispõe para saber o que se passa dentro de si, fora de si e no entre da relação contatual (Delacroix, 2021, 2022; Momotake, 2018; Perls, 2019; Resnick, 2020). Desde o início do distanciamento da psicanálise e do nascimento da Gestalt-terapia, entendia-se que o caminho a seguir seria o de uma terapia de concentração e integrativa (Perls, 1994), destacando a importância de se estar presente para a regulação do contato pelo organismo, e da agressividade como função para assimilação, nutrição e crescimento, como vemos em *Ego, fome e agressão* (Perls, 1969) e *Psychopathology of awareness* (Perls, 2019). Essa compreensão de terapia da concentração e relacional ainda é descrita em textos gestálticos recentes (por exemplo, Delacroix, 2021, 2022).

A tradição gestáltica parte do pressuposto de que o organismo tem condições de se autorregular e encontrar dentro e fora do corpo elementos para que sua relação com o ambiente lhe seja favorável, buscando um equilíbrio dinâmico dos processos inerentes ao contato (Delacroix, 2021, 2022; Perls, 2019; Perls *et al.*, 1997; Resnick, 2020). Assim, adquirimos recursos ao longo da vida ou nos apropriamos dos que estão disponíveis no ambiente para nos manter em contato e sustentar os processos vitais. Contudo, as condições do campo no qual o contato se processa nem sempre são favoráveis ao organismo, de forma que em alguns momentos não há a formação de uma figura suficientemente nítida para identificar a necessidade de forma adequada ou para utilizá-la e sustentar os processos contatuais até a devida resolução tensional e assimilação dos produtos do contato pelo organismo e pelo ambiente.

Às vezes, seja em situações alegres, tristes, prazerosas ou desagradáveis, não dispomos de recursos para que os processos se desenrolem do início ao fim, ficando aí uma pendência e um assunto inacabado na relação com o ambiente. Nesse sentido, um dos pontos mais importantes a considerarmos é a noção de que o que a pessoa faz da sua vida se torna um ajustamento criador que não deve ser patologizado pelo terapeuta (Delacroix, 2021, 2022; Francesetti, 2021; Gold e Zahm,

2018; Spagnuolo Lobb, 2013). Por fim, vamos encontrando caminhos por entre as forças e condições do campo, procurando equilibrar o contato e seguir conforme essas condições contextuais e organísmicas permitem.

Observamos, desse modo, alinhamentos da psicologia budista com pressupostos gestálticos quanto a um campo complexo e multidimensional tecido por relações interdependentes (Batchelor, 1998, 2012; Delacroix, 2021, 2022; Francesetti, 2021; Gold e Zahm, 2018; Perls, 2019).

É bem verdade que o processamento contatual se dá no campo e com a participação de outras pessoas, como o próprio terapeuta, que empresta a si mesmo à relação terapêutica para que "negócios inacabados" consigam encontrar resoluções e configurações mais favoráveis ao paciente (Francesetti, 2021). A relação com o todo e a cocriação interdependente das situações vividas é um ponto em comum com as filosofias orientais que tanto fundamentam a Gestalt-terapia, como as práticas de atenção plena. Além do autossuporte, os processos também podem ser sustentados na relação com um outro, como o ocorrido na relação terapêutica (Delacroix, 2021, 2022; Francesetti, 2021).

Infelizmente, a maneira como vivemos contemporaneamente nos bombardeia com estímulos, alterações de fluxos contatuais por forças diversas, dificultando a sustentação da *awareness* para um bom delineamento das figuras emergentes e o fluir saudável do contato. As práticas contemplativas budistas, que serão objeto de diálogo com nossa abordagem neste texto, compreendem que não temos controle sobre o ambiente, tampouco que estamos subjugados a ele. Elas nos convidam à observação dos fenômenos que se apresentam sem julgamento, a focarmos no presente com uma atitude acolhedora e paciente (Batchelor, 1998, 2012). Várias escolas de terceira força[1], bem como as escolas cognitivas mais recentes, bebem das filosofias orientais — inclusive da possibilidade de aprendermos a reconhecer os condicionantes de nossos comportamentos para termos uma vida pautada na atenção plena e livre de automatismos funcionais (Fulton e Siegel, 2016; Gold e Zahm, 2018; Olendzki, 2012).

Nosso intuito é nos utilizarmos da relação estabelecida para ampliar a *awareness*, retomar a espontaneidade do contato e reconhecer sua capacidade criativa (Francesetti, 2021; Naranjo, 2013; Spagnuolo Lobb, 2013), promovendo sua autonomia e a integração de seu eu atualizado e identificado com as necessidades da sociedade e da natureza (Perls, 2019). O objetivo da Gestalt-terapia é, assim, possibilitar à pessoa voltar-se para sua existência, sua experiência presente, sua relação consigo e com o mundo no aqui e agora para que possa retomar suas condições de escolha numa dada situação e seguir com os fluxos da vida (Delacroix, 2021, 2022; Francesetti, 2021; Resnick, 2020).

CONTATANDO AS FILOSOFIAS ORIENTAIS E ALGUMAS ENCRUZILHADAS CONCEITUAIS

Como já pontuamos, a Gestalt-terapia, como outras abordagens que lhe são contemporâneas, recebem influência de

1. As escolas de terceira força se referem a abordagens que surgiram como alternativas ao behaviorismo e à psicanálise, que foram as duas principais correntes no início do século 20. A terceira força enfatiza a experiência humana, a liberdade e o potencial de crescimento pessoal. Entre as principais escolas de terceira força estão o humanismo, a Gestalt-terapia, a logoterapia e a psicologia positiva. [N. E.]

conceitos e valores orientais. Esse movimento perdura na área de saúde mental nas décadas seguintes, chegando a outras metodologias psicoterápicas e profissionais de saúde.

Jon Kabat-Zinn foi um pioneiro no movimento de *mindfulness* ocidental ao estruturar um treinamento em 1979 para pacientes acometidos de dores crônicas. Ele adaptou práticas budistas e ióguicas e sistematizou um programa com oito encontros na Universidade de Massachusetts, o Mindfulness Based Stress Reduction (MBSR) (Brown, 2016; Kabat-Zinn, 2011). Inicialmente, seu objetivo era diminuir o estresse gerado pelas questões de saúde desses pacientes e, ao longo dos anos, o MBSR se tornou o principal programa de treinamento para pesquisas psicológicas. Esse programa ensinava aos pacientes que suas sensações e emoções negativas não deveriam ser combatidas, mas acolhidas, aceitas e assimiladas ao adotarmos um novo ponto de vista (Brown, 2016; Germer, 2016; Girard e Feix, 2016) — atitude já vislumbrada pela Gestalt-terapia há algumas décadas. Nossa tradição nos ensina que reconhecer o que se apresenta no campo, como estamos naquele momento e como nos relacionamos com isso é despertar para o emergente, deixando-nos conduzir pela situação (Naranjo, 2013; Perls, 1977, 2019).

Quando analisamos as contribuições gestálticas e da psicologia budista, bem como de muitos programas de *mindfulness*, observamos sobreposições e diferenças nos conceitos (Joyce e Sills, 2016). Identificamos diferenças entre nossa compreensão sobre estar *aware* — estar em contato e saber do contato numa perspectiva pré-verbal, informados pela função Id — e estar *mindful* — permanecer no momento presente e aceitar o que ocorre sem interferir, acompanhando a experiência, algo que se aproxima da concepção de *consciousness*, isto é, de um saber delineado pela função personalidade.

Perls (2019) compreende a *awareness* como um processo espontâneo e contínuo, o qual se diferencia da atenção, uma vez que esta demanda uma intencionalidade processual, um investimento por parte do organismo para manter o contato estabelecido. Assim, a *awareness* visa ao fluxo de emergência da figura surgindo do fundo, de sua diferenciação e direcionamento dos processos organísmicos para a situação inacabada mais energizada e que mais demanda em dado momento, ou seja, pelo Id da situação. A *awareness* possibilita ao organismo engajar em contatos, de modo que se estabeleça uma relação dinâmica e equilibrada com o ambiente ao se dar conta dos estímulos presentes e levar à mobilização organísmica, preparando-nos para a ação. Perls (2019) prossegue argumentando que a atenção é fruto de uma ação deliberada do organismo, localizando um alvo e direcionando os processos com um fim específico, ainda que a consequência seja um afastamento das demandas contatuais imediatas. Dessa forma, continua o autor, é difícil sustentar a atenção em um objeto por muito tempo, uma vez que a *awareness* vai requisitar do organismo seu investimento nas emergências contatuais.

Seguindo na diferenciação desses conceitos, Delacroix (2021) descreve quatro modalidades de consciência operantes no contato: a) consciência sensorial, b) consciência emocional-relacional, c) consciência reflexiva-cognitiva, e d) consciência social e moral. A dimensão sensorial é a que mais claramente nos remete à concepção tradicional de *awareness* como um saber informado pela função Id. O autor a apresenta como uma "consciência primária básica", uma disposição organísmica para observar e saber do contato sem que tenhamos conhecimento explícito do que acontece. Delacroix a entende como primária por ser pré-verbal e pré-reflexiva, e básica porque ela nos predispõe para o contato. Em virtude dessa disposição, e ainda numa perspectiva de corporeidade, a consciência emocional-relacional permite o estabelecimento de vínculos, qualificando o contato em curso na presença de um outro. Uma vez que nos reconhecemos pessoa em relação, com uma biografia, desejos e uma experiência vivida que pode ser tocada pela linguagem, a consciência ganha características mais cognitivas, permitindo a identificação de si nessa relação e a produção de conceitos. Conforme reconhecemos nossa participação no cenário social e coletivo, a consciência abarca sistemas de valores, identificações e crenças.

Enquanto na Gestalt-terapia temos por objetivos ampliar tanto *awareness* quanto *consciousness* das figuras emergentes e fomentar sua nitidez e energização, nas abordagens de atenção plena o foco parece tender a uma das polaridades do espectro alternadamente. Assim, os programas de terapias baseadas em *mindfulness* privilegiam o desenvolvimento de condições para o monitoramento da emergência de uma figura após a outra, sem qualquer preferência e ampliando as condições de escolha entre as possibilidades disponíveis antes da mobilização e da ação. Ou seja, algo que remeteria à função Id e à *awareness*. Alguns treinamentos, mais atentos à ideologia budista da qual emergem, incluem atividades nas quais a função personalidade é mais evidente, uma vez que procuram acolher os acontecimentos numa perspectiva biográfica descentralizada e mais voltada para a totalidade do campo. Ao menos numa primeira mirada, a impressão é a de que falta uma complementação entre as várias consciências, conforme destacado nesses treinamentos. Para além da *awareness* e da *consciousness*, Delacroix (2021, 2022) reafirma a importância de uma consciência-presença, intersubjetiva, sustentada por uma postura meditativa de plena consciência, uma consciência ampliada junto ao outro.

Um segundo aspecto relevante levantado por Joyce e Sills (2016) é que a Gestalt-terapia perlsiana, mais organísmica, afirma a apropriação das reações (ênfase no "Eu" responsável pelo contato). Por outro lado, a psicologia budista e sua perspectiva de não eu e cocriação interdependente nos convida a uma desidentificação com essas reações, considerando-as coproduções. O budismo postula que somos atravessados por diversos condicionantes ou, em gestaltês, os fenômenos são emergências do/no campo que se revelam por meio do organismo. Talvez aqui reconheçamos de fato divergências entre uma concepção organísmica perlsiana, que preza pelo autossuporte e esteve muito em voga nas duas primeiras décadas de nossa abordagem, e uma outra, orientada para o campo e informada pela compreensão fenomenológica e estética, como a observada nos últimos trinta anos (por exemplo, Francesetti, 2021; Spagnuolo Lobb, 2013).

Como vimos, para o zen todos os fenômenos são interdependentes. Portanto, uma clínica baseada nessa perspectiva nos convida à redução da reatividade aos condicionantes e à desidentificação com a autoria dos fenômenos (Demarzo e Campayo, 2015), mesmo que reconheçamos nossa corresponsabilidade como agente atravessado pelas forças do campo. Essa mudança de atitude oferece condições para o contato com a realidade imediata e pessoalmente experienciada

(Naranjo, 2013), corporificada (Delacroix, 2021, 2022; Francesetti, 2021; Spagnuolo Lobb, 2013), levando à retomada da capacidade de fazer escolhas entre aquilo que é possível (Delacroix, 2021, 2022; Francesetti, 2021; Resnick, 2020). Como vivemos um *continuum* contatual, procuramos mudar a atitude diante do emergente no campo, voltando para o vivenciado a cada momento e integrando perceber, sentir, fazer e pensar (Delacroix, 2021, 2022; Naranjo, 2013).

Joyce e Sills (2016) e Resnick (2020) acrescentam mais um elemento à prática clínica gestáltica, ressaltando seu viés fenomenológico. Os autores nos lembram da curiosidade ativa do terapeuta e do cliente, ampliando a produção de sentidos e a capacidade de escolher para além da estereotipia anacrônica. Tal postura muito se assemelha à mente do principiante do budismo, isto é, encarar cada situação com abertura ao aprendizado, como algo único e novo, se esvaziando de pressupostos (Naranjo, 2013).

Convergindo ambas as perspectivas, Momotake (2018) descreve com sutileza e perspicácia o manejo clínico em dezesseis pontos: a) uma vez que decidimos o tema daquele encontro; b) focamos e amplificamos a ação, encorajando o paciente a reconhecer seus gestos, sensações corporais e respiração, por exemplo; e, c) seguimos até que se dê conta do que acontece aqui e agora. Reparando d) nas pendências das *Gestalten* abertas, e) nas memórias que surgem, até que f) a figura esteja mais delineada e energizada, ganhando mais destaque que o fundo e se revelando. Se a relação terapêutica for segura e acolhedora, g) essas memórias geram mobilização e começam a aparecer no corpo manifestações daquilo que necessita de fechamento. Em seguida, h) podemos notar junto com o paciente como essas pendências aparecem aqui e agora e i) estimular sua expressão autêntica para que, mesmo simbolicamente, aquele processo se conclua. Nessa condução, j) devemos tomar cuidado para que não sejam apenas palavras tentando criar conceitos e abarcar a experiência, nos lembrando de reconhecer com nosso paciente as sensações corporais e como nos comportamos a cada momento, inclusive ali, naquela sessão. Logo, k) nosso foco é no "como" em vez dos "porquês". Estando mais bem informados tanto pela *awareness* como pela *consciousness*, l) o terapeuta oferece suporte ao paciente no atravessamento dos processos pendentes e nas escolhas que faz no presente. E assim o fazemos, m) prestando atenção à fenomenologia emergente, n) às emoções e suas nuanças e camadas, o) à expressividade autêntica, p) acompanhando a assimilação e o retorno do paciente para a realidade do cotidiano.

Agora que reconhecemos nosso contato com as filosofias orientais, mais especificamente o budismo, e abrimos frentes de diálogo com terapias baseadas em *mindfulness*, detalharemos mais alguns conceitos a fim de fazer uma ponte com aspectos práticos para aplicarmos no manejo clínico.

QUANDO NADA É FEITO OU DEIXADO POR FAZER, VOLTAMOS PARA CASA E SEGUIMOS ADIANTE

Podemos ler, assistir a uma aula e conversar sobre fundamentos da natação ou de como pedalar uma bicicleta, mas nada se compara ou substitui o fazer a atividade em si, pois apenas aprenderemos se nos exercitarmos de fato. Outro paralelo entre a psicologia budista e a Gestalt-terapia é o pragmatismo.

Podemos classificar as práticas meditativas como formais ou informais (Demarzo e Campayo, 2015; Fulton e Siegel, 2016; Germer, 2016). As formais são técnicas específicas, realizadas com o indivíduo tradicionalmente sentado, andando ou por meio de prostrações e votos, como observamos em treinamentos e ritos zen-budistas. Certamente a mais conhecida é a prática sentada para o exercício da atenção plena, devido à divulgação pela mídia e à sua inclusão em diversos programas de terapia baseada ou informada por *mindfulness*. Ela é feita tomando como base a atenção à respiração, a percepção corporal e o monitoramento dos afetos e pensamentos que surgem aqui e ali durante a prática. A prática andando, por sua vez, nos requisita uma forma de atenção flutuante ao movimento corporal. Já as prostrações exigem igual atenção do praticante e remetem a aspectos compassivos inerentes às culturas orientais, agregando de forma mais clara a dimensão relacional e o pressuposto da cocriação interdependente.

Dahl, Lutz e Davidson (2015) desenvolveram uma tipologia para classificar práticas meditativas e intervenções psicológicas baseadas em *mindfulness*. Seu esquema dispõe de três famílias que se ramificam em três subgrupos de acordo com algumas especificidades. As práticas com cunho atencional formam a primeira família, como técnicas voltadas para estabilizar a atenção de maneira focada ou flutuante (englobando a percepção corporal, da respiração, de emoções e pensamentos). O objetivo deles é exercitar o estar aqui e agora, sem qualquer julgamento, com reconhecimento e aceitação do que emerge. A segunda família envolve as técnicas construtivas, ou seja, aquelas voltadas para aspectos morais e valorativos, incluindo práticas de amor-bondade e de compaixão, entre outras. Elas visam ampliar a *awareness*, sobretudo em relação a como nos mobilizamos diante de afetos, pensamentos e memórias, possibilitando a ressignificação dos relacionamentos com outras pessoas e consigo mesmo. A última família abarca técnicas chamadas de desconstrutivas, que procuram refletir sobre nossa relação com o todo e estimular uma atitude de descentramento. Seu objetivo é questionar uma identidade pessoal alheia às forças do campo e dos condicionantes contextuais.

As práticas da primeira família descritas por Dahl *et al.* (2015) se assemelham ao que Figueroa (2015) chama de exercícios ou técnicas autoaplicáveis para a exploração das funções de contato. Já as técnicas da segunda e da terceira família se alinham com a forma como consideramos os experimentos, ou seja, não têm um objetivo prévio e dialogam com a postura fenomenológica e a compreensão de campo gestálticas. Ferreira (2006) apresenta a meditação como uma técnica para tomar um objeto específico para a nossa atenção e criar um intervalo na dinâmica relacional. Assim, criamos condições para diminuir a impulsividade e agir de maneira mais livre e criativa. Uma descrição de que nos lembra Resnick (2020) sobre manejo clínico e mudança: promover um movimento que gere contraste, ampliar a *awareness* e aumentar as condições de escolha.

Porém, também podemos integrar informalmente essas práticas ao cotidiano e nos manter em estado meditativo em atividades variadas, como comer, praticar esportes, arrumar a casa, trabalhar, tomar banho e escovar os dentes. Para além da discussão sobre técnicas e experimentos, tanto a Gestalt-terapia quanto os treinamentos de *mindfulness* nos convidam a cultivar atitudes que alteram a maneira como vivemos. Contudo, é importante lembrar que não se restringem ao manejo clínico, uma vez que trazem consigo um fundo ideológico que não pode ser desconsiderado. Naranjo (2013), por exemplo, descreve oito valores inerentes à nossa abordagem: a) viver o agora, b) viver o aqui, c) não imaginar ou fantasiar, e sim experimentar o real, d) observar e sentir, em vez de se prender a pensamentos, e) preferir a expressão em vez do julgamento, da manipulação e da explicação, f) entregar-se igualmente ao prazer e à dor sem restrições, g) não vislumbrar figuras-modelo, h) responsabilizar-se plenamente por ações, pensamentos e emoções, e i) aceitar-se como é.

Nos treinamentos de *mindfulness* também se observam algumas atitudes básicas nas quais baseamos as práticas com atenção plena (Kabat-Zinn, 2017): a) não julgamento; b) paciência, não querendo imprimir um ritmo aos processos da vida; c) mente de iniciante, aberta ao aprendizado e disponível ao encantamento ao ser tocada pelo mundo; d) confiança, como um investimento temporário e frouxo, passível de mudança; e) não esforço, ou seja, não investir em tentar mudar, mas, ao contrário, reconhecer, confirmar e acolher o que acontece em dado momento; f) aceitação, percebendo como as coisas são e encontrando maneiras sensatas e sábias de se relacionar com elas; g) desapego, permitir que as coisas sejam como são, sem anseio ou passividade.

Mais do que um conjunto de técnicas, as terapias baseadas em atenção plena e a Gestalt-terapia procuram promover uma vida mais plena e saudável, individual e coletivamente. Como vimos, encontramos vários pontos de contato para o diálogo entre essas tradições devido ao fundo das filosofias orientais que compartilham. Diálogo este necessário para elevar nossos olhares no horizonte das psicoterapias e dar os devidos créditos a uma de nossas raízes. Então, convido você a voltar para casa e se reencontrar. Feche o livro e apenas fique com sua respiração, observando como ela comunica o dentro e o fora, até que não haja mais dentro e fora. Fique aqui e agora por alguns momentos e nada faça. Até que, em algum momento, você se levanta e continua seu caminho.

> Na busca do conhecimento, todo dia algo é acrescentado. Na prática do Tao, todo dia algo é descartado. Cada vez menos você precisa interferir nas coisas, até que finalmente você chega à não ação. Quando nada é feito, nada é deixado por fazer. A verdadeira maestria pode ser conquistada por deixar as coisas irem em seu próprio caminho. *Tao Te King* (*apud* Pereira, 2024)

REFERÊNCIAS

BATCHELOR, Stephen. *Buddhism without beliefs*. Nova York: Riverhead Books, 1998.

_____. "A secular Buddhism". *Journal of Global Buddhism*, v. 13, 2012, p. 87-107.

BROWN, C. G. "Can 'secular' mindfulness be separated from religion?" In: PURSER, Ronald; FORBES, David; BURKE, Adam (orgs.). *Handbook of mindfulness — Mindfulness in behavioral health*. Cham: Springer, 2016.

DAHL, Cortland J.; LUTZ, Antoine; DAVIDSON, Richard J. "Reconstructing and deconstructing the self: cognitive mechanisms in meditation practice". *Trends in Cognitive Sciences*, v. 19, n. 9, 2015, p. 515-523.

DELACROIX, Jean-Marie. *Plena consciencia en psicoterapia — En la relación paciente-psicoterapeuta*. Cidade do México: PAX, 2021.

_____. *A terceira história — Estética da relação terapeuta-paciente*. Macaé: Ecovie, 2022.

DEMARZO, Marcelo; CAMPAYO, Javier García. *Manual prático de mindfulness — Curiosidade e aceitação*. São Paulo: Palas Athena, 2015.

FERREIRA, Mariana Tavares. "A experiência do self em William James e no Budismo". *Cognitio-Estudos: revista eletrônica de filosofia*, v. 3, n. 1, 2006, p. 29-41.

Figueroa, M. As técnicas em Gestalt-terapia. In: Frazão, Lilian Meyer; Fukumitsu, Karina Okajima (orgs.). *A clínica, a relação terapêutica e o manejo em Gestalt-terapia*. São Paulo: Summus, 2015.

Francesetti, Gianni. *Fundamentos da psicopatologia fenomenológico-gestáltica — Uma introdução leve*. Belo Horizonte: Artesã, 2021.

Fulton, Paul R.; Siegel, Ronald D. "Psicologia budista e psicologia ocidental — Buscando pontos em comum". In: Germer, Christopher. K.; Siegel, Ronald D.; Fulton, Paul R. (orgs.). *Mindfulness e psicoterapia*. Porto Alegre: Artmed, 2016.

Germer, Christopher. K. "Mindfulness: o que é? Qual é a sua importância?" In: Germer, Christopher. K.; Siegel, Ronald D.; Fulton, Paul R. (orgs.). *Mindfulness e psicoterapia*. Porto Alegre: Artmed, 2016.

Girard, Tanize G.; Feix, Leandro da Fonte. "Mindfulness: concepções teóricas e aplicações clínicas". *Revista das Ciências da Saúde do Oeste Baiano — Hígia*, v. 1, n. 2, 2016, p. 94-124.

Gold, Eva; Zahm, Stephen. *Buddhist psychology & Gestalt therapy integrated — Psychotherapy for the 21st century*. Portland: Metta Press, 2018.

Joyce, Phil; Sills, Charlotte. *Técnicas em Gestalt — Aconselhamento e psicoterapia*. Petrópolis: Vozes, 2016.

Kabat-Zinn, John. "Some reflections on the origins of MBSR, skillful means, and the trouble with maps". *Contemporary Buddhism*, v. 12, n. 1, 2011, p. 281-306.

_____. *Atenção plena para iniciantes*. Rio de Janeiro: Sextante, 2017.

Momotake, Masatsugo. *The Gestalt path of the mini satori*. Mill Valley: Gestalt Institute of San Francisco, 2018.

Naranjo, Claudio. *Entre meditação e psicoterapia*. Petrópolis: Vozes, 2005.

_____. *La vieja y novísima Gestalt — Actitud y práctica de un experiencialismo ateórico*. Santiago: Cuatro Vientos, 2013.

Olendzki, Andrew. "Buddhist psychology." In: Segall, Seth R. (org.). *Encountering Buddhism — Western psychology and Buddhist teachings*. Nova York: Suny Press, 2012.

Pereira, Fábio N. "O dedo apontando a lua — Experimentando o contato entre Gestalt-terapia e zen-budismo". *Revista da Abordagem Gestáltica*, v. 27, n. 1, 2021, p. 91-103.

_____. "Diálogos com nossas raízes orientais — Psicologia budista e Gestalt-terapia integradas". *IGT Na Rede*, v. 19, n. 37, 2022.

Pereira, Fábio N.; Dalgolbo, Carla G.; Silva, Monalisa O. da. "Revolução budista ou apocalipse zumbi? Discussões sobre mindfulness a partir de uma perspectiva gestáltica". *Psicologia USP*, v. 32, 2021, p. e200146.

Pereira, Nando. "Tao Te King, capítulo 48: 'A verdadeira maestria pode ser conquistada'" Disponível em: https://www.dharmalog.com/2020/12/12/tao-te-king-capitulo-48-a-verdadeira-maestria-pode-ser-conquistada/. Acesso em: 18 nov. 2024.

Perls, Frederick. *Ego, hunger and aggression*. Nova York: Vintage Books, 1969.

_____. *Gestalt-terapia explicada*. São Paulo: Summus, 1977.

_____. *Psychopathology of awareness*. Saint-Romain-la-Virvée: L'Exprimerie, 2019.

Perls, Frederick; Hefferline, Ralph; Goodman, Paul. *Gestalt-terapia*. São Paulo: Summus, 1997.

Perls, Laura. *Viviendo en los límites*. Valência: Promolibro, 1994.

Resnick, Robert W. A couple of individuals — Introduction to Gestalt Therapy theory". A couple of individuals, YouTube, 2020. Disponível em: https://www.youtube.com/watch?v=gXG8DOtmmlk. Acesso em: 18 nov. 2024.

Rosmaninho, Marta T. *Tornar-se terapeuta — A prática da meditação na formação do psicólogo clínico de orientação fenomenológica*. Dissertação (mestrado em Psicologia Clínica), Pontifícia Universidade Católica de São Paulo, São Paulo, 2010.

Schmidt, Andreas T. "The ethics and politics of mindfulness-based interventions". *Journal of Medical Ethics*, v. 42, n. 7, 2016, p. 450-454.

Spagnuolo Lobb, Margherita. *The now-for-next in psychotherapy — Gestalt therapy recounted in post-modern society*. Milão: Franco Angeli, 2013.

Tomassini, Massimo. "Mindfulness in working life — Beyond the 'corporate' view, in search for new spaces of awareness and equanimity". In: Purser, Ronald; Forbes, David J.; Burke, Adam (orgs.). *Handbook of mindfulness — Mindfulness in behavioral health*. Cham: Springer, 2016.

Veras, Roberto P. "A influência do pensamento oriental na Gestalt-terapia." In: Frazão, Lilian Meyer; Fukumitsu, Karina Okajima (orgs.). *Gestalt-terapia — Fundamentos epistemológicos e influências filosóficas*. São Paulo: Summus, 2013.

_____. *Ilumina-ação — Diálogos entre Gestalt-terapia e zen-budismo*. Dissertação (mestrado em Psicologia Clínica), Pontifícia Universidade Católica de São Paulo, São Paulo, 2005.

Via Zen. "*Mestre Eihei Dôgen Daioshô*". s/d. Disponível em: https://www.viazen.org.br/mestre-dogen-zenji. Acesso em: 18 nov. 2024.

5. Espiritualidade como possibilidade de autorregulação organísmica

VANESSA BRITO

O universo é um milagre. Mas aqueles que nada veem procuram milagres em lugares esquisitos.
Alves, 2014, p. 225

Não é de hoje que a espiritualidade se afigura como motivo de curiosidade e fascínio. Isso pode ser atribuído ao fato de que o ser humano é composto por várias magnitudes, sendo a espiritual uma delas, que, em intersecção com outras, lhe confere o caráter de totalidade.

Minha proposta é refletir sobre a espiritualidade como um fenômeno humano que pode favorecer a autorregulação organísmica e como uma dimensão que compõe a totalidade do ser. Ademais, será observado como a Gestalt-terapia, sendo uma terapia do contato, pode se configurar em uma via importante para que o indivíduo seja capaz de cuidar dessa sua "parte-todo" e, por meio dela, encontrar seu sentido ou seus sentidos existenciais.

Será uma travessia entre os conceitos de espiritualidade, religiosidade, religião, profano, sagrado, transcendência e busca de sentido, os quais presentificam a vivência da dimensão espiritual na relação pessoa-mundo. A intenção é convidar você a caminhar sem pressa, apreciando o percurso, tendo a espiritualidade ora como figura, ora como fundo, procurando averiguar a sua importância na composição holística do ser humano. E, nesse trajeto, demonstrar quanto a clínica pode se converter em espaço de acolhimento para que, eventualmente, a pessoa reconheça a espiritualidade como um recurso de autorregulação, de modo a realizar ajustamentos criativos em favor de seu crescimento.

DIMENSÃO ESPIRITUAL: O SAGRADO NO PROFANO E O PROFANO NO SAGRADO

Embora na atualidade se enfatize o desencanto, há algo em nós que insiste em fazer germinar o desejo do espírito — como uma flor que brota nos terrenos mais tortuosos. Existe uma força imperiosa que nos instiga a romper com a perspectiva material e, como o orvalho que anuncia um novo dia, busca um novo olhar capaz de contatar o mistério, a beleza, a amorosidade e o sublime, originados em solo tanto sagrado quanto profano, e genuinamente humano, que é a espiritualidade.

Sobre a espiritualidade, existe uma pluralidade de definições para tudo que concerne, permeia ou faz alusão ao termo. Há quem defenda que ela esteja relacionada com uma conexão com o universo, independentemente de crenças religiosas. Outros a reconhecem como pertencente exclusivamente ao campo da religião. Embora esta aborde questões espirituais, é importante dizer que ambas não são sinônimos. A religião pode ser compreendida como um conjunto de normas, questões morais, crenças e dogmas instituídos, sendo a base da religiosidade. É a partir dela que se estabelece a doutrina de salvação e a idealização do paraíso.

A religiosidade pode ser tanto um processo de socialização quanto uma experiência sagrada. Pinto (2009) descreve a espiritualidade como a procura por um sentido existencial e a religiosidade como uma busca do sentido último.

Valle (2008) diz que existem vivências e experiências de profundo sentido espiritual que não estão necessariamente relacionadas com o religioso. O autor afirma que todas as experiências humanas genuinamente criativas e profundas (inclusive as negativas) podem revelar a espiritualidade ao ser humano.

Nessa lógica, a espiritualidade pode ser compreendida não como algo que só se possa alcançar em uma esfera sobre-humana, mas sendo incorporada no real, exprimindo um sentido humano vívido e vivido no cotidiano, focalizando a espiritualidade na experiência imediata da pessoa como ser-no-mundo. Para Yano (2023, p. 63), "na experiência espiritual criamos a realidade. É daquilo que vivenciamos de mais intenso e pleno que nossa realidade é configurada".

É importante dizer que, quando o diálogo entre a espiritualidade e a religiosidade se torna consonante, sua aplicabilidade na vida cotidiana resulta em fonte de movimento e autorregulação, favorecendo o mergulho em si mesmo e no mundo. Nas palavras de Rubem Alves (2014, p. 203), existem dois tipos de experiência religiosa:

> O primeiro é quando a alma faz silêncio para ouvir a música sagrada que o Grande Mistério faz tocar no universo. Não se pede nada. A beleza do sagrado nos basta. Essa experiência religiosa nos torna mais sábios e belos. O segundo tipo de experiência religiosa

> é quando a alma sai em busca de fórmulas para engaiolar o sagrado a fim de usá-lo para seus propósitos. A alma nada ouve da melodia do Grande Mistério porque está chafurdada na confusão dos desejos e na confusão da vida. Quanto mais ávidos do milagre, mais longe de Deus.

O mistério é algo que foge à racionalidade, oportunizando abertura ao desconhecido, ao inapreensível da existência. Atualmente, a vida contemporânea, tão movida por competitividade e produtividade excessiva, não tem dado espaço para que possamos contemplar o mistério e a sacralidade da experiência humana.

Hycner (1995) argumenta que uma sociedade centrada unicamente em relações objetivas reprime o alicerce ontológico e espiritual da existência, isolando a pessoa, fragilizando sua identidade e subjetividade, o que resulta em adoecimentos em todas as esferas de seu ser.

Nessa dinâmica, o que se pode notar é que a pessoa se desvitaliza, empobrecendo sua experiência, mantendo-se agarrada à materialidade e ao profano das coisas, desconectada de sua natureza sagrada e dos mistérios: da fé, da esperança e do sentido existencial. Para que a vida ganhe um colorido e a pessoa recobre a vitalidade, a presença de outra pessoa é basilar. É a abertura à receptividade ao outro, ao mistério e ao desconhecido que dá sentido à própria vida.

Para Cardella (2017, p. 78), o ser humano é "mistério encarnado e singularizado", que, ao exercer seu caráter relacional, atribui sentido ao mundo. É a sua disposição para a relação Eu-Tu que permite o encontro com o seu vir-a-ser e o contato com o mistério acessível no cotidiano.

Destarte, o sagrado e o profano não são qualidades das coisas, pois quem lhes atribui sentido é o ser, a depender de como se relaciona com o mundo — podendo, por vezes, converter a experiência em uma manifestação sagrada.

Esse "mistério encarnado" só consegue encontrar uma via de expressão na experiência humana, revelando sua natureza que é, também, espiritual. Desse prisma, a espiritualidade pode ser concebida como uma espécie de cabedal contido em cada ser, que se desvela como algo encarnado na pessoa, em sua realidade, e que lhe pertence — ao mesmo tempo que lhe constitui —, apregoado à experiência de movimento, de transversalidade, conferindo-lhe espontaneidade, criatividade e um significado *sui generis* que se materializa na existência, e não fora dela.

Segundo Buber (2017), as interações humanas ocorrem de duas formas: Eu-Tu e Eu-Isso. A relação Eu-Tu é fundamental para a vida dialógica, enquanto a relação Eu-Isso estabelece o mundo da experiência e da utilização. Hycner (1995) esclarece que a relação Eu-Tu se inicia quando verdadeiramente direcionamos a nossa atenção ao outro e lhe ofertamos nossa presença. O autor afirma que, embora possamos nos preparar para essa possibilidade, não podemos forçá-la a acontecer. Esse momento de "graça" necessita, também, que o outro esteja disponível, visto que o diálogo genuíno exige mutualidade.

Muitas situações de confronto entre o ser humano e seus semelhantes são reflexo dos conflitos da própria condição humana. Dessa ótica, quanto mais o indivíduo se afasta de seu caráter relacional — seja com o outro, seja com o divino —, mais contribui para a manutenção de sua inibição espiritual. Hycner (1995) diz que a repressão espiritual resulta na formação de uma sociedade ansiogênica, produtora de indivíduos profundamente ansiosos. Quando as pessoas se sentem desconectadas e afastadas do sentido das relações com os outros e da compreensão de uma realidade para além da materialidade das coisas, carecem de sentido, experienciam um vazio que anseia por ser preenchido.

Quando dizemos que o sentido da vida não se encontra em algo fora da concretude humana, significa que o ser humano pode ressacralizar o mundano e encontrar sentido para sua vida ao aproveitar dos pequenos momentos cotidianos, seja com o trabalho, com a participação ativa na comunidade, na educação às novas gerações, nas relações significativas, no contato com a natureza, com os animais, nos estudos, nos momentos de diversão, na expressão e apreciação das artes etc.

Essa profana vivência diária se transforma, favorecendo que cada aspecto da vida se torne sagrado, permitindo que a pessoa se abra para uma compreensão mais profunda de si e do mundo, podendo atingir a transcendência. Como na experiência do pequeno príncipe, que ao se encontrar com tantas rosas deu-se conta de que a sua rosa, embora parecesse com as demais, era única, assim ele pôde ressignificar sua experiência, reconhecendo a magnitude do amor existente na relação entre eles. Esse processo é marcado por uma espiritualidade que acolhe essa transcendência original e dá significado à existência, propiciando um sentido além da vida presente.

A transcendência pode designar algo para além dos limites humanos, implicando um meio de orientação para transpor esses limites, sendo assimilado como uma forma reflexiva, subjetiva e comprometida da pessoa com sua situação de ser-no-mundo.

Ribeiro (2009) diz que a transcendência é tanto uma expressão intrínseca à dimensão espiritual quanto um processo de autopreservação, condição primordial da vida, transformando-se em um estado de procura constante da melhor forma, melhor solução, melhor encontro, imaginando o melhor e indo em busca de sua satisfação. Para o autor, resgatar o sagrado é cuidar da transcendência que abarca o ser, é reconhecer que todo objeto, além de ser concreto em si, é, também, fonte de inúmeras possibilidades de transformação.

Em termos práticos, a transcendência pode significar uma condição de crescimento, tendo a compreensão de que seu desenvolvimento e apreensão ocorrem no contato com o outro, com a natureza, com os animais, com a arte etc., isto é, na relação organismo-ambiente.

Quando o ser humano sai da esfera da coisificação e transcende o significado das coisas, descobrindo que nada tem um fim em si mesmo — mas que tudo é dotado de inúmeros sentidos —, ultrapassa o estado materializado, introduzindo-se na dimensão espiritual e relacionando-se com totalidades, tornando-se capaz de responder de modo novo, único e autêntico a cada situação que se lhe apresenta.

Em suma, a religião pode ser compreendida como uma representação social voltada ao sagrado. A religiosidade se refere a uma experiência subjetiva de conexão com mistério, a qual procura um sentido que transcenda essa existência. A espiritualidade é uma das dimensões humanas e, ao mesmo tempo, representa a busca de um sentido de vida que pode ou não estar associado à religiosidade. Já a transcendência expressa tanto um caminho quanto a capacidade do ser humano de ir ao encontro de possibilidades para satisfazer a sua necessidade mais genuína: encontrar seu sentido existencial.

Ribeiro (2009, p. 68) argumenta que, além da transcendência e da espiritualidade, o contato é a terceira via de acesso que pode auxiliar o indivíduo a descobrir seu próprio sentido: "Transcendência, espiritualidade e contato são a trindade que pode conduzir a Pessoa Humana ao verdadeiro sentido de si mesma, percorrendo os mais complexos caminhos do contato".

GESTALT-TERAPIA: UMA TERAPIA HOLÍSTICA DO CONTATO E DA ESPIRITUALIDADE

A Gestalt-terapia se baseia em epistemologias humanistas, fenomenológicas e existenciais. Em sua teoria e prática, integra conceitos e pressupostos da psicologia da Gestalt, da teoria de campo, da teoria holística, da teoria organísmica, do pensamento zen-budista etc., para desenvolver ou aprofundar importantes conceitos, como contato, fronteira de contato, ciclo de contato, *awareness*, autorregulação organísmica e ajustamento criativo, entre outros.

A Gestalt-terapia oferece uma perspectiva holística, considerando o indivíduo uma totalidade que integra as esferas afetiva, intelectual, sensorial, motora, social e espiritual. Essa visão permite que a pessoa, consciente de sua subjetividade, singularidade e responsabilidade, atue de forma relacional no mundo, modificando-o e sendo modificado por ele.

Perls, Hefferline e Goodman (1997), aportados na crença de que o homem pode se autorrealizar, acreditam que a

Gestalt-terapia favorece o crescimento e desenvolvimento humano. Frazão (2013) diz que, na perspectiva gestáltica, não nos preocupamos com a cura, e sim com o desenvolvimento da pessoa, destacando também suas potencialidades.

A Gestalt-terapia rejeita qualquer divisão entre a espiritualidade e a vida cotidiana, uma vez que não psicologiza o ser humano, mas resgata a relação corpo-pessoa, mente--pessoa, ambiente-pessoa, compondo sua totalidade (Ribeiro, 2016). Nesse sentido, *awareness* e espiritualidade se relacionam, sendo fruto do diálogo no campo organismo/ambiente (Yontef, 1998).

De outro modo, a espiritualidade também pode ser vista como um encantamento pelo mundo, e este pode surgir de qualquer situação, pois todas as coisas no mundo profano têm potencial para se tornar sagradas se forem abordadas com uma atitude de reverência. Ribeiro (2020) defende que, dentro do profano, existe a semente do sagrado e da espiritualidade, e que tudo no cosmo tem a capacidade para transcender, esperando por esse movimento.

Desse modo, o sentido espiritual está diretamente ligado a uma atitude de abertura e interesse para a/pela presença do mistério que se desvela no dia a dia. A fim de que a relação terapêutica se converta nesse espaço de abertura, Hycner (1995) sugere que o terapeuta adote três posturas: presença, inclusão e confirmação. Segundo o autor, elas promovem um encontro dialógico capaz de facilitar o contato autêntico com a espiritualidade.

De acordo com Perls, Hefferline e Goodman (1997), a experiência do organismo com o seu campo vital acontece por meio do processo de contato, que é composto por quatro fases: pré-contato (momento que emerge a excitação); contato (a energia vai em direção a satisfação, manipulando o ambiente e escolhendo as possibilidades); contato final (ato do contato na fronteira, evidenciando a troca que será assimilada, favorecendo o crescimento) e pós-contato (a energia se retrai e a experiência é integrada). Todo esse processo no ciclo do contato é crucial para a realização de ajustamentos criativos.

Para os autores (1997, p. 44), "o contato é *awareness* da novidade assimilável e comportamento em relação a esta". Yontef (1998) define *awareness* como a capacidade de contatar os principais acontecimentos do campo organismo/ambiente, apoiado por aspectos sensoriais, motores, emocionais, cognitivos e energéticos — e, podemos acrescentar, espirituais.

O ajustamento criativo implica a capacidade da pessoa de satisfazer às suas necessidades, levando em consideração tanto a sua hierarquia de dominâncias quanto as possibilidades disponíveis no campo.

Em outras palavras, ajustar-se criativamente é a forma de o ser humano deixar sua marca nos fatos da vida, atualizando suas habilidades e potencialidades na interação com o mundo. É a capacidade de pessoalizar sua existência, trazendo à vida o colorido de sua singularidade, encontrando formas criativas para se adaptar à realidade que o circunda. Essa concepção está intrínseca ao processo de autorregulação organísmica, no qual a pessoa procura manter seu equilíbrio, alcançar a homeostase e bem-estar em condições adversas.

Lima (2014) explica que a autorregulação organísmica se refere a um processo significativo de interação e negociação entre a pessoa e o seu ambiente para resolver uma situação de desiquilíbrio. Para restabelecer o equilíbrio, o indivíduo pode desenvolver novos recursos e alternativas que permitam sua autorregulação, atendendo às suas necessidades. Para Perls, Hefferline e Goodman (1997, p. 84), "a consciência da necessidade dominante e sua organização das funções de contato é a forma psicológica de (autorregulação) *organísmica*".

Independentemente do tipo de contato, as funções de contato descritas por Polster e Polster (2001) incluem olhar, ouvir, tocar, mover-se, cheirar, falar e degustar, sendo essenciais para um contato saudável, dinâmico, vívido e vitalizante. É também por meio delas que o contato pode ser bloqueado ou represado. Todo contato ou experiência ocorre na fronteira de contato.

A fronteira não pertence nem ao organismo nem ao ambiente, mas os conecta, depreendendo um fluxo que conduz à assimilação do que é nutritivo ou à rejeição daquilo que é pernicioso. A experiência, que pode ser física ou sensorial, ocorre na fronteira de contato — que precisa, em certa medida, ser permeável e plástica para possibilitar mudanças favoráveis, caso contrário, podem surgir bloqueios que dificultarão o crescimento e a transformação criativa da relação indivíduo-meio. As formas de contato como projeção, introjeção, deflexão, retroflexão, confluência, proflexão e egotismo têm especificidades e podem ser saudáveis ou patológicas, dependendo da intensidade e do contexto (Ginger e Ginger, 1995).

Ribeiro (2019) compreende o ciclo do contato como uma ferramenta fenomenológica que permite ao terapeuta acessar a realidade da pessoa, observar onde ocorre o crescimento ou a interrupção do ajustamento criativo, ajudando a integrar partes alienadas, desenvolver autossuporte e buscar o próprio crescimento.

A visão holística da Gestalt-terapia, que inclui a espiritualidade, oferece um campo fértil para a redescoberta do corpo com todas as suas potências, da alma com seus mistérios, do ambiente e seus encantos e da exaltação do que há de luminoso dentro de cada pessoa (Ribeiro, 2016). Para o autor, é exatamente o caráter totalizante e totalizador da Gestalt-terapia que a converte em uma terapia do encontro, do contato e, portanto, da espiritualidade.

ESPIRITUALIDADE COMO POSSIBILIDADE DE AUTORREGULAÇÃO ORGANÍSMICA

Frequentemente chegam à clínica pessoas "amortecidas", queixando-se de um viver sem sentido. Muitas vezes, elas estão desconectadas de seus recursos para se autorregular, ajustar-se criativamente e alcançar a autorrealização.

O que podemos observar é que cada vez mais as pessoas têm se afastado de sua intimidade com a natureza e com o cosmo como um todo, o que resulta em uma dicotomia entre si e o meio ao qual pertencem, levando-as a uma perda do sentido — o que provoca constante sofrimento, sensação de desamparo e solidão. Cardella (2009) diz que essa divisão decorre da ausência de encantamento pela vida, de fé e de esperança no devir e, por isso, muitas das demandas clínicas remetem a uma procura latente pelo espiritual.

Veras (2023) afirma que o fenômeno do mundo virtual contribui significativamente para esse apartamento de nós mesmos. O ritmo frenético dos meios digitais nos traz uma sensação de pressa que promove o nosso descolamento, nos rouba a paz e a possibilidade de contemplação, conduzindo-nos à perda da capacidade de estarmos no momento presente, condição fundamental para a construção de novos sentidos.

Na Gestalt-terapia, a compreensão da relação dialógica reforça a importância do aspecto espiritual na condição humana, contribuindo para a atualização da espiritualidade, ampliando a *awareness*, favorecendo a consciência universal e integrando o indivíduo em uma cosmovisão mais ampla. Em outros termos, quando no encontro terapêutico há abertura para o acolhimento e a exploração dessa dimensão, ela pode expandir a nossa consciência e, ao mesmo tempo, possibilitar o alargamento de nossas dimensões existenciais, ampliando nosso horizonte de sentido.

Hycner (1995) enfatiza que uma psicoterapia fundamentada na relação dialógica também se vincula a uma perspectiva espiritual, não no sentido de uma crença religiosa, mas no caráter dialógico do homem com o mundo, uma vez que qualquer diálogo humano é orientado no diálogo do ser e é resultante dele. Para o autor, uma pessoa vivencia a sua espiritualidade por meio do encontro genuíno com a "alteridade", e é esse encontro intenso que conduz à experiência do sagrado.

Convém mencionar que o interesse de Fritz Perls pelas tradições espirituais tem grande influência na formação da Gestalt-terapia como uma abordagem integrativa, que acolhe o ser humano em todas as suas dimensões, reverencia o caráter relacional e disponibiliza recursos em direção à sua autorrealização. Perls demonstrava uma abertura para a dimensão metafísica, considerando a sacralidade e o encantamento pelo mundo possibilidades para os processos de crescimento.

Segundo Yontef (1998, p. 129), "na Gestalt-terapia, obviamente, *self*, *awareness* e *espiritualidade* são relacionais. Espiritualidade e *awareness* não são vistas como emanando do interior, mas do diálogo no campo indivíduo/ambiente". Para Ribeiro (2019, p. 909),

> a Gestalt-terapia como uma configuração gera um campo de espiritualidade que se sustenta, que se alimenta de conceitos como contato, *awareness*, ajustamento criativo, homeostase, pregnância, mudança paradoxal. [...] operacionaliza estes conceitos enquanto geradora de caminhos de espiritualidade, de uma temporalidade a ser vivida na corporalidade da busca por opções para melhor experiência de nossa humanidade, nosso encantamento por nós e pelo mundo.

Se a espiritualidade pertence ao campo da pessoa e a Gestalt-terapia adota uma visão holística de campo, seria um equívoco desconsiderar a dimensão espiritual no processo terapêutico, principalmente porque esta é fundamental à assimilação dos modos de ser do indivíduo.

Não é de hoje que a terapia está associada à dimensão do sagrado. Juliano (1999, p. 115) relembra que a origem do termo terapia vem do grego *therapeia*, que significa: "[...] fazer o trabalho dos deuses, ou estar a serviço dos deuses, ou, ainda, a serviço do Todo". Para a autora, desenvolver esse trabalho implica realizar algumas etapas importantes, como hospedar a pessoa, libertar sua expressão, ajudá-la a restaurar o diálogo, a reconstruir sua história pessoal, a buscar a história humana atravessando o território do sagrado. É exatamente a possibilidade de perscrutar o território da sacralidade na relação terapêutica que faz da psicoterapia um caminho acessível para o desenvolvimento da pessoa, que só pode acontecer em sua plenitude se o terapeuta for capaz de considerar suas questões espirituais.

Ribeiro (2009) afirma que a psicoterapia gestáltica serve como um suporte para que o indivíduo recupere o sentido original perdido devido à falta de contato consigo. A terapia gestáltica e a busca da espiritualidade compartilham o objetivo comum de conduzir a pessoa a uma relação autêntica consigo mesma e com o mundo, eliminando adjetivos coisificantes, revelando a beleza da contemplação pessoal e cósmica. Nessa perspectiva, a dimensão espiritual também é caminho para a integração rumo ao crescimento e à transformação.

A Gestalt-terapia considera o caminho existencial, psíquico e espiritual uma possibilidade de integração de diversos aspectos da pessoa rumo à totalidade. Esse percurso é facilitado pelo processo terapêutico, sobretudo quando a relação terapêutica se configura em abertura para o desenvolvimento e a transformação. Para tanto, a relação terapêutica precisa se converter em um espaço para que

> [...] algum imponderável vindo da nossa relação ou de algum vínculo importante possa surgir [...] O Imponderável, o Destino, a Sorte, Deus, a Graça, a Autorregulação Organísmica, o Inconsciente, qualquer que seja o nome que posamos dar, às vezes se manifestam para ajudar! (Juliano, 1999, p. 83)

Nesse sentido, como criar, na relação terapêutica, condições para que a pessoa vivencie a sua espiritualidade como possibilidade de autorregulação organísmica? Na situação clínica, o Gestalt-terapeuta pode lançar mão de alguns recursos, como oração, meditação, silêncio, contato com a natureza e experimentos, entre outros, cuja aplicação cuidadosa e amorosa se converte em suporte, promovendo o acesso à espiritualidade, auxiliando o cliente a se reconectar com sua dimensão transcendental.

Muitas vezes, o indivíduo, diante de uma situação de dificuldade ou desespero, ao recorrer a uma oração, por exemplo, acreditando que isso pode ajudá-lo, está sinalizando a possibilidade de resgatar a esperança. A esperança reside na dimensão espiritual e funciona como um ajustamento criativo autorregulador, contribuindo para que a pessoa encontre novas alternativas.

Hycner (1995) propõe a meditação como um instrumento para auxiliar a pessoa a se autorregular, desenvolvendo aceitação e exercendo o desapego. Ele ressalta que o terapeuta, além de oferecer um espaço para a expressão do indivíduo, precisa estar o mais presente possível na situação, reconhecendo a importância do cotidiano e a dimensão espiritual a cada momento. Segundo o autor, essa total presença é uma forma de estar em contato com o "Tu Eterno" e enfatizar nossa conexão com o universo.

Para ilustrar formas de acolher as expressões da espiritualidade, destaco um trecho de um encontro com uma pessoa querida que atendo e que está enlutada. Depois da morte de seu ente querido, L. mudou de religião. Em meio à sua dor, certa feita, disse-me que as únicas coisas possíveis para ela eram chorar e contar a Jesus como estava "lascada". Após alguns segundos, eu espontaneamente lhe disse que de "lascação" Jesus entendia. Nesse instante, em meio às lágrimas, L.

sorriu e começou a descrever seu processo de transição para outra doutrina. A cada encontro, continuava trazendo a dor da perda e, também, como a oração, os cantos, as amizades e as novas atividades da congregação estavam contribuindo para que conseguisse, de alguma maneira, encontrar um ponto de equilíbrio em meio àquele caos. Sempre que estamos perto do fim de uma sessão, depois de desaguar suas saudades, dores e medos e de me relatar como está, aos pouquinhos, retomando sua vida, termina me dizendo "Deus te abençoe", a que eu respondo "amém". L. continua vivendo o seu luto, contudo tem aprendido a transformar a sua fé em um recurso autorregulador, que a ajuda a encontrar algum amparo, mesmo diante de tanta dor. É certo que ainda temos uma longa jornada, no entanto sinto-me agraciada e agradecida por poder contar com as forças do cosmo e por ser testemunha dos possíveis movimentos de autorregulação organísmica dessa pessoa de quem tenho a honra e o privilégio de ser "anfitriã" (Cardella, 2017), e isso para mim é a visitação do sagrado.

Ribeiro (2009) afirma que, quando cliente e terapeuta se abrem à experiência, uma senda para o mistério pode ser apreciada, revelando toda a sacralidade dessa relação. Isso ocorre porque ambos, como seres espirituais, passam de uma inter-relação para uma "intrarrelação" (2009, p. 73), na qual o encontro genuíno acontece.

À vista disso, se a Gestalt-terapia, sendo uma terapia do contato, compreende o ser humano como uma totalidade em que as partes se articulam, podemos dizer que a terapia gestáltica pode se configurar em abertura para que a pessoa entre em contato com a espiritualidade, na condição de dimensão humana. Nesse sentido, a autorregulação organísmica e a espiritualidade mostram-se profundamente conectadas, visto que ambas envolvem um processo de autoconhecimento, crescimento e sentido da vida.

A espiritualidade pode favorecer a autorregulação organísmica promovendo a conexão da pessoa com ela mesma, por meio de práticas introspectivas e de autoconhecimento, fundamentais para ampliar a *awareness* e identificar as necessidades mais elementares. Também pode intensificar a abertura para relações mais autênticas, sendo suporte para um contato mais significativo e enriquecedor com o mundo.

A busca de aspectos espirituais pode fornecer um sentido de propósito existencial, fundamental para a integração das experiências e a satisfação das necessidades. Muitas tradições religiosas e espirituais incorporam práticas de *mindfulness* e meditação, que podem ampliar a consciência, ajudando a pessoa a estar presente no aqui e agora, bem como mais consciente de seu modo de estar no mundo.

O contato com a espiritualidade proporciona uma sensação de conexão com algo maior, seja o universo, a natureza ou a força divina. Essa conexão pode promover ajustamentos criativos mais atualizados e integrados com a vida como um todo. A fé e os aspectos espirituais constituem suporte emocional, fonte de esperança e resiliência, fortalecendo a pessoa, aumentando o seu autossuporte para lidar com desafios e crises, mantendo a autorregulação organísmica.

A própria relação terapêutica — o encontro dialógico — parece ser uma experiência que proporciona a abertura à dimensão transcendental, restaurando a permeabilidade e a plasticidade da fronteira, de modo que o contato genuíno possa ser experienciado. Com sucessivas vivências dessa qualidade, a clínica gestáltica mostra-se um caminho viável para que o paciente/cliente consiga (res)sacralizar sua vida e, a partir do encantamento por si, pelo outro e pelo mundo, contatar sua espiritualidade, autorregular-se e realizar ajustamentos criativos mais harmônicos, integrando-a à sua totalidade.

FINALIZANDO...

Neste capítulo, apontei algumas reflexões sobre como a dimensão espiritual pode ser apreendida pela Gestalt-terapia e se converter numa possibilidade para a autorregulação organísmica. Em síntese, a espiritualidade se refere a uma busca do sentido da vida em esferas que ultrapassam o tangível, elevando o sentir humano à experiência com o transcendente, podendo ou não estar relacionada a uma prática religiosa.

Para a Gestalt-terapia, o ser humano é dimensional, e suas interconexões o consagram como um todo integrado. É essa visão holística que configura a abordagem gestáltica como um caminho possível para acessar a dimensão espiritual. Na relação terapêutica, o encontro dialógico se transforma em uma experiência de abertura à realidade suprassensível, favorecendo, assim, o contato genuíno.

Ressalto que os aspectos referentes à espiritualidade, quando manifestados no processo terapêutico, precisam ser considerados segundo princípios e limites éticos, de modo que o tema não seja tratado de maneira dogmática, mas respeitando as expressões singulares de cada pessoa, sendo compreendidos à luz de uma perspectiva holística, integrativa e integradora.

Concluo com a fé de que, mesmo diante das intempéries da vida, o encontro terapêutico também possa se transformar em um oásis, um espaço acolhedor para a expressão da espiritualidade. Que, com nossas "almas aladas", sejamos capazes de abrir fendas para acessar centelhas de esperança e amor, encontrando dentro do mais profano o mais mundano sentido que nos leve a (re)conhecer o milagre mais sagrado e divino: a existência humana.

Essa é a minha prece, meu recurso autorregulador que me dá forças para continuar a travessia. Desejo que você também encontre o seu!

REFERÊNCIAS

ALVES, Rubem. *Ostra feliz não faz pérola*. 2. ed. São Paulo: Planeta, 2014.

BUBER, Martin. *Eu e Tu*. 8. reimp. São Paulo: Centauro, 2017.

CARDELLA, Beatriz H. P. *Laços e nós*. São Paulo: Amparo, 2009.

_____. *De volta para casa*. São Paulo: Amparo, 2017.

_____. "Caminho do peregrino — A espiritualidade como jornada de transformação". In: PEIXOTO, Paulo de Tarso C. (org.). *Gestalt-terapia e espiritualidade*. Macaé: Ecovie, 2023.

FRAZÃO, Lilian Meyer. "Um pouco da história... um pouco dos bastidores". In: FRAZÃO, Lilian Meyer; FUKUMITSU, Karina Okajima (orgs.). *Gestalt-terapia — Fundamentos epistemológicos e influências filosóficas*. São Paulo: Summus, 2013.

GINGER, Serge; GINGER, Anne. *Gestalt — Uma terapia de contato*. 5. ed. São Paulo: Summus, 1995.

HYCNER, Richard. *De pessoa a pessoa — Psicoterapia dialógica*. São Paulo: Summus,1995.

JULIANO, Jean Clark. *A arte de restaurar histórias: o diálogo criativo no caminho pessoal*. São Paulo: Summus, 1999.

LIMA, Patrícia V. de Albuquerque. "Autorregulação organísmica e homeostase". In: FRAZÃO, Lilian Meyer; FUKUMITSU, Karina Okajima (orgs.). *Gestalt-terapia — Conceitos fundamentais*. São Paulo: Summus, 2014.

PERLS, Friedrich. S.; HEFFERLINE, Ralph; GOODMAN, Paul. *Gestalt-terapia*. São Paulo: Summus,1997.

PINTO, Ênio Brito. "Espiritualidade e religiosidade — Articulações". *Rever — Revista de Estudos da Religião*, p. 68-83, dez. 2009. Disponível em: http://pucsp.br/rever/rv4_2009/t_brito.pdf. Acesso em: 27 nov. 2024.

POLSTER, Erving; POLSTER, Mirian. *Gestalt-terapia integrada*. São Paulo: Summus, 2001.

Ribeiro, Jorge Ponciano. *Holismo, ecologia e espiritualidade — Caminhos de uma Gestalt plena*. São Paulo: Summus, 2009.

_____. *Vade-mécum da Gestalt-terapia — Conceitos básicos*. 3. ed. São Paulo: Summus, 2016.

_____. "Ambientalidade, coexistência e sustentabilidade — Uma Gestalt em movimento". *Revista Estudos e Pesquisas em Psicologia*, v. 19, n. 4, 2019a. Disponível em: https://www.e-publicacoes.uerj.br/index.php/revispsi/article/view/49291/32940. Acesso em: 10 jul. 2014.

_____. *O ciclo do contato*. 8. ed. São Paulo: Summus, 2019.

_____. "Relação ambiente-corpo como unidade sagrada — Gestalt-terapia como morada da espiritualidade". In: Frazão, Lilian Meyer; Fukumitsu, Karina Okajima (orgs.). *Enfrentando crises e fechando Gestalten*. São Paulo: Summus, 2020.

Valle, João E. Reis. "Religião e espiritualidade: um olhar psicológico". In: Amatuzzi, Mauro Martins (org.). *Psicologia e espiritualidade*. 2. ed. São Paulo: Paulus, 2008.

Veras, Roberto P. "A espiritualidade — Contemplação e arte como caminhos para ir além de si mesmo". In: Peixoto, Paulo de Tarso C. (org.). *Gestalt-terapia e espiritualidade*. Macaé: Ecovie, 2023.

Yano, Patrícia. "Silenciar e meditar — No contínuo do aqui-agora". In: Peixoto, Paulo de Tarso C. (org.). *Gestalt-terapia e espiritualidade*. Macaé: Ecovie, 2023.

Yontef, Gary M. *Processo, diálogo e awareness*. 3. ed. São Paulo: Summus, 1998.

6. Autorregulação organísmica e a indissociabilidade organismo-ambiente: uma compreensão de comunidades quilombolas em Goiás

CELANA CARDOSO ANDRADE

Denominemos esse interagir entre organismo e ambiente em qualquer função o "campo organismo/ambiente". Qualquer que seja a maneira pela qual teorizamos sobre impulsos, instintos etc., estamos nos referindo sempre a esse campo interacional e não a um animal isolado.
Perls, Hefferline e Goodman, 1997, p. 42

Em 1996, visitei pela primeira vez a Chapada dos Veadeiros, localizada no estado de Goiás, região habitada por várias comunidades quilombolas. Naquela ocasião, fomos guiados em uma trilha por um alemão que havia se estabelecido na região, encantado pela natureza exuberante do local, ainda pouco explorada na época. No dia seguinte, percorremos outra trilha, desta vez guiados por um quilombola, que nos proporcionou uma experiência completamente diferente. Durante o percurso, que em geral ocupa um dia inteiro, ouvimos numerosas histórias sobre a região e a comunidade quilombola local. As narrativas detalhadas de cada trecho do caminho nos deixaram fascinados, fazendo-nos retornar várias vezes àquele paraíso.

Anos mais tarde, em 2019, como professora da Universidade Federal de Goiás (UFG), coordenei, juntamente com uma colega, um projeto de pesquisa-ação em uma comunidade quilombola. Durante essa intervenção, percebemos que as oficinas proporcionaram à comunidade não apenas acesso a novos conteúdos, mas também uma transformação significativa. Motivados pelas oficinas, que destacaram questões até então negligenciadas, os participantes expressaram um renovado desejo de lutar pelos seus direitos. Esse projeto reforçou a ideia de que a verdadeira mudança surge quando as pessoas se confrontam com as realidades que as incomodam, tanto as realidades internas quanto as externas (Andrade, 2020).

Durante essa experiência, uma frase estampada nas camisetas das crianças da escola local chamou minha atenção: "Vista minha pele, solte o cabelo e prenda o preconceito". Impressa sobre a imagem de uma mulher preta com cabelos soltos, essa frase é um poderoso chamado à empatia e ao reconhecimento cultural, ressaltando a identidade e o orgulho quilombola, além de uma demanda de justiça social e respeito. Esse lema nos lembra de que a busca de justiça social requer não apenas a conscientização da comunidade, mas também ações concretas que promovam a igualdade (Andrade, 2020).

Mais recentemente, em 2022, um encontro em Cavalcante (GO), onde existe uma das maiores comunidades quilombolas do estado, trouxe à tona uma crítica pertinente. Um jovem quilombola, cujo irmão estuda na UFG em Goiânia, apontou uma falha comum em pesquisas acadêmicas: a falta de retorno dos resultados à comunidade estudada. Sua observação foi um lembrete crucial de que nosso papel acadêmico deve transcender a coleta de dados, engajando-se em uma troca justa e respeitosa de conhecimentos e benefícios. Esse é um princípio fundamental de respeito e ética na pesquisa e na vida.

Em 2024, uma amiga pesquisadora, conhecendo meu interesse pela Chapada dos Veadeiros e pela rica história de suas comunidades quilombolas, compartilhou detalhes sobre um estudo interdisciplinar que estava concluindo. A pesquisa-ação, que durou quatro anos, foi uma colaboração entre a comunidade local, a universidade e o governo estadual, representando um modelo de envolvimento coletivo que propiciou tanto o desenvolvimento de um projeto acadêmico-governamental quanto ajustamentos criativos da própria comunidade (Santana, Souza e Tavares, 2024).

Nessa mesma época, impressionada com a profundidade e o impacto do projeto que acabara de conhecer, fui convidada a contribuir com um capítulo sobre autorregulação em populações que enfrentam adversidades multifacetadas. Aceitei o convite com entusiasmo, movida pelo desejo de inspirar outras pessoas a conhecer, reconhecer e se implicar com nossos irmãos quilombolas, que residem em uma das regiões mais belas do Brasil, mas enfrentam inúmeros desafios sociais, econômicos, culturais, psicológicos e ambientais. Este capítulo abordará como essas comunidades podem se autorregular e buscar um ajustamento criativo diante de tantas adversidades, encontrando estratégias de resiliência, luta, empoderamento e desenvolvimento sustentável.

Para tanto, aqui serão explorados os conceitos de autorregulação organísmica, autoatualização, autorrealização e ajustamento criativo — destacando-se a interdependência entre indivíduos ou comunidades e seu ambiente, conhecido, na fenomenologia, como mundo circundante. Centrais na teoria organísmica, esses conceitos são fundamentais na Gestalt-terapia. Eles indicam que, ao interagir com o meio, somos tanto influenciados quanto influenciamos esse ambiente, evidenciando uma indissociabilidade entre organismo e ambiente. Quase sempre negligenciamos as implicações sociais, econômicas, culturais, geográficas e políticas desse processo, sobretudo no que se refere ao desenvolvimento de indivíduos e comunidades.

O primeiro conceito a ser compreendido é o de autorregulação. Ele é entendido como um fenômeno de interação, uma dinâmica de fronteira, ou seja, o ser humano é visto como um sistema biopsicossocial, no qual mente e corpo, em constante diálogo com o ambiente — físico, cultural e social —, formam um todo integrado que busca a autorregulação. Dessa forma, o ser humano não pode ser considerado de maneira isolada, pois atua tanto como criador quanto como parte ativa na transformação do universo (Lima, 2013).

A autorregulação organísmica é a capacidade natural do organismo de se equilibrar e se ajustar espontaneamente às mais diversas situações sem intervenção deliberada. Inclui funções fisiológicas, psicológicas e comportamentais que naturalmente tendem a se organizar e reequilibrar por conta própria, resultando em saúde e bem-estar quando operam livremente em contato com a realidade concreta, mesmo em situações de desarranjo.

O conceito, detalhado por Perls, Hefferline e Goodman (1997), explora como o organismo adapta suas ações com base nas interações com seu ambiente para realizar seu potencial e sua identidade. Isso está interligado com a homeostase, que descreve a capacidade do organismo de retornar ao equilíbrio após períodos de excitação ou frustração, estabilizando-se ao satisfazer necessidades específicas. A excitação é crucial na autorregulação, surgindo da interação do organismo com resistências externas, necessitando de um ambiente para se manifestar. A frustração também desempenha um papel fundamental, incentivando o crescimento ao mobilizar recursos internos para superar desafios não resolvidos de imediato.

Na teoria de Kurt Goldstein (2000), os conceitos de autoatualização e autorregulação se complementam, embora sejam distintos. A autoatualização se refere ao impulso inerente do organismo para alcançar seu potencial máximo, promovendo o crescimento contínuo e o desenvolvimento de suas capacidades em resposta ao ambiente. Por outro lado, a autorregulação envolve o processo pelo qual o organismo mantém a estabilidade e o equilíbrio internos, ajustando-se a mudanças e desafios para manter uma funcionalidade ótima. Juntos, esses conceitos articulam uma visão dinâmica da vida, sublinhando a interação contínua do organismo com seu ambiente em busca de desenvolvimento e equilíbrio.

Assim, a tendência é encontrar soluções criativas para enfrentar desafios. Contudo, Goldstein (2000) advertiu que essa busca contínua pode levar ao desgaste se não houver contrapartidas adequadas, o que resulta em "adoecimento" no sentido de paralisação. A ausência de um ambiente que apoie e estimule essa busca pode impedir o desenvolvimento e a expressão plena do potencial do organismo, levando a estados de estagnação e desequilíbrio.

A Gestalt-terapia, fundamentada na teoria organísmica, enfatiza a importância da relação entre o indivíduo e seu ambiente, destacando o conceito de "pôr-se em acordo com o meio ambiente", conhecido como ajustamento criativo. Esse princípio se refere à constante interação e ajuste entre o organismo e seu meio circundante (Andrade e Holanda, 2019). O ajustamento ao meio não é apenas uma reação passiva, mas uma busca ativa de harmonia e eficácia na interação com o ambiente, refletindo a habilidade do indivíduo de transformar adversidades em potenciais de desenvolvimento. O processo de adaptação implica responder às ameaças ambientais e superar obstáculos que impedem a autorrealização, em geral devido à falta de recursos necessários. A capacidade de ajustar-se criativamente ao meio é crucial para a autorrealização e o crescimento pessoal, permitindo que o indivíduo maneje desafios e aproveite as oportunidades oferecidas pelo ambiente. Contudo, este muitas vezes dificulta a autorregulação e, em consequência, a autoatualização e a autorrealização, provocando um ajustamento criativo desgastante que exige muita luta e resiliência. Essa dinâmica ficou clara nos resultados da pesquisa apresentada a seguir, realizada com as comunidades quilombolas.

Se a interação entre organismo e ambiente leva ao crescimento ou à paralisação, é crucial, também, observar a responsabilidade da pessoa nesse intercâmbio. Goldstein (2000) enfatizou a individualidade e a normatividade relativa, argumentando que cada organismo interage com o mundo de maneira única e que o conceito de normalidade é extremamente individualizado e contextual. Isso reforça a necessidade de uma abordagem mais personalizada e menos rígida na compreensão do comportamento humano. Inspirando teóricos como Abraham Maslow, Carl Rogers, Laura e Fritz Perls, entre outros, suas ideias pavimentaram o caminho para abordagens que valorizam a experiência subjetiva e a busca do significado como componentes centrais para o desenvolvimento da pessoa.

Dada a vivência da pessoa, fica evidente quanto a consciência desempenha um papel vital na autorregulação, com a atenção plena ajudando o organismo a diferenciar e responder adequadamente às necessidades reais e percebidas. Um contato genuíno com o ambiente é necessário para uma autorregulação eficaz, permitindo ao organismo atender suas necessidades e procurar a autorrealização nas melhores condições que emergem da interação do ser humano com seu mundo circundante.

O conceito de mundo circundante (*Umwelt*), central na fenomenologia, enfatiza a percepção tal como é vivida e a relação dinâmica entre a pessoa e seu ambiente, uma vez que a realidade é um campo de significados vivenciados que transcende a mera objetividade. Heidegger (2001), em *Ser e tempo*, descreve o ser humano como intrinsecamente imerso em um mundo de relações significativas, enfatizando a noção de ser-no-mundo como uma união fundamental entre o indivíduo e seu entorno. Merleau-Ponty (1999), por sua vez, na *Fenomenologia da percepção*, explora como o corpo medeia nossa interação com o mundo, sugerindo que não enfrentamos o mundo como um objeto distante, mas estamos em constante contato com ele. Husserl (1970), em suas obras tardias, vê o mundo da vida (*Lebenswelt*) como a base pré-científica sobre a qual se assentam todas as ciências, reforçando a ideia de que o entendimento humano do mundo depende dessa experiência direta e vivida. Essas abordagens fenomenológicas reiteram que nossa experiência do mundo é profundamente subjetiva e interativa, desafiando perspectivas que veem a experiência humana como uma resposta passiva a estímulos externos.

Os conceitos de autorregulação e mundo circundante se entrelaçam para fornecer uma visão aprofundada de como o ser humano se ajusta e interage com seu ambiente. A autorregulação, conforme descrita por Fritz Perls e outros na obra *Gestalt-terapia* (1997), é vista não apenas como um ajuste das necessidades internas e externas para manter a "saúde", mas também como uma expressão do organismo para identificar, interpretar e satisfazer suas necessidades de forma integrada ao seu contexto imediato.

A interação entre autorregulação e o mundo circundante implica uma dinâmica em que o organismo, ao perceber suas necessidades através do filtro de suas experiências e relações, ajusta suas ações para satisfazer essas necessidades de maneira criativa e adaptativa. Esse processo de ajustamento criativo reflete uma constante negociação entre as necessidades internas e as demandas e oportunidades do ambiente externo. A autorregulação é um fenômeno existencial que sublinha a intrínseca conexão do ser humano com um mundo repleto de significados e interações. Nossa existência é constantemente mobilizada pelas relações que construímos com o mundo ao nosso redor, destacando como somos influenciados e como influenciamos nosso ambiente, em uma dança contínua de ajustamento e crescimento.

Este estudo não apenas permitirá compreender na prática a dinâmica da autorregulação organísmica, mas também ampliará nosso olhar para outras pessoas e comunidades que enfrentam adversidades similares. Além disso, demonstrará como o Gestalt-terapeuta pode atuar teórica e praticamente em contextos sociais desafiadores, contribuindo para um engajamento mais profundo com as responsabilidades que acompanham o desenvolvimento humano nos mais diversos ambientes.

As comunidades quilombolas representam a resiliência e a capacidade de superar desafios sociais, econômicos e culturais; evidenciam o poder do ajustamento criativo e da busca de harmonia e desenvolvimento em um contexto de adversidades. Por isso, para entender a especificidade de comunidades quilombolas e o mundo que as cercam, é preciso olhar para sua história, seu contexto atual e compreender suas crenças, lutas e desafios.

Os primeiros quilombolas eram escravos negros que fugiam para as matas em busca de liberdade e dignidade, formando comunidades autônomas chamadas quilombos. Essas comunidades, além de funcionarem como refúgios, tornaram-se símbolos de resistência contra a escravidão e locais de recriação de modos de vida e sobrevivência. Esses movimentos de fuga e formação de quilombos eram uma resposta direta ao racismo estrutural que sustentava o sistema escravocrata no Brasil (Andrade, 2020).

Atualmente, Goiás tem 64 comunidades quilombolas certificadas pela Fundação Cultural Palmares. Esse grande número de comunidades se deve à sua proximidade com a Bahia, um estado que historicamente abrigou muitas fazendas escravagistas. Em 2003, diversas comunidades quilombolas foram oficialmente reconhecidas, mas ainda enfrentam vários desafios, inclusive para obter títulos de propriedade de suas terras. A população quilombola continua a lutar por reconhecimento e melhores condições de vida, enfrentando um sistema cultural racista que historicamente excluiu suas histórias e culturas (Andrade, 2020).

O conceito de racismo estrutural é essencial para entender as desigualdades raciais enraizadas na sociedade contemporânea. Ele revela que o racismo não se limita a ações individuais, mas está intrinsecamente entrelaçado com instituições, práticas e políticas sociais que perpetuam a desigualdade racial. Segundo estudiosos como Silvio Almeida (2020) e Abdias do Nascimento (2002), o racismo estrutural molda as relações institucionais, econômicas, políticas e sociais para manter a desigualdade racial, manifestando-se em disparidades sistemáticas em praticamente todos os aspectos da vida. Esse conceito é explorado por Nascimento (2002) em sua análise sobre a discriminação racial no Brasil e suas implicações profundas na formação social do país. Almeida (2020), por sua vez, argumenta que a sociedade brasileira foi construída sobre uma estrutura que beneficia sistematicamente os brancos enquanto marginaliza outros grupos raciais.

O racismo estrutural, que afeta profundamente as comunidades quilombolas, manifesta-se em diversos setores sociais. Desigualdades no acesso à educação de qualidade marginalizam estudantes negros e indígenas (Carvalho, 2005). Na economia, há desigualdade e acesso limitado ao emprego para certos grupos raciais, o que perpetua privilégios para uns e limita oportunidades para outros (Almeida, 2020). No sistema de justiça, a super-representação de pessoas negras nas prisões brasileiras exemplifica a permeação do racismo estrutural (Batista, 2003). Na saúde, a disparidade no acesso a cuidados de qualidade reflete fatores socioeconômicos e políticos que perpetuam desigualdades raciais (Werneck, 2016).

Em suma, o racismo estrutural descreve um sistema de poder que gera vantagens para certos grupos raciais e desvantagens para outros, não apenas por meio de preconceitos individuais, mas por meio de normas, práticas e políticas institucionalizadas. O objetivo do projeto não foi apenas identificar essas dificuldades, mas também, em colaboração com a comunidade e os órgãos governamentais, encontrar soluções. Isso demonstrará na prática os conceitos de autorregulação, autorrealização, ajustamento criativo e mundo circundante, que são o foco deste capítulo.

O projeto, denominado "Determinantes sociais da saúde e qualidade de vida de comunidades remanescentes de quilombos (CRQ) do estado de Goiás", foi uma pesquisa-ação quantiqualitativa realizada pelo Núcleo de Estudos e Pesquisas em Agroecologia e Saúde da Universidade Federal de Goiás (Nepeas/UFG) em parceria com a Secretaria de Estado da Saúde de Goiás (SES/GO), iniciada em 2020 (Santana, Souza e Tavares, 2024).

O projeto estabeleceu um diálogo humanizado com lideranças e associações quilombolas kalunga, representantes de conselhos municipais de saúde, gestores regionais e municipais, trabalhadores da saúde e comunidades do território quilombola Kalunga, a maior do Brasil, situada na Chapada dos Veadeiros. As comunidades foram selecionadas pela Associação Quilombo Kalunga (AQK) e pela Associação de

Mulheres Quilombolas Kalunga, considerando suas vulnerabilidades sociais, riscos e necessidades de saúde. A intensa articulação com os trabalhadores da saúde dos municípios foi fundamental para viabilizar as atividades de pesquisa.

Os objetivos do projeto incluíram analisar os determinantes sociais da saúde que afetam a qualidade de vida dessas comunidades e as ações de promoção de saúde; desenvolver uma pesquisa com participação ativa dos agentes sociais, alinhada com as problemáticas e demandas dos municípios; e realizar devolutivas periódicas que fizessem sentido para o público e atendessem suas necessidades, promovendo a participação e a qualidade dos dados. O projeto também teve como intuito viabilizar o trabalho de imersão dos pesquisadores no território quilombola; planejar, em conjunto com a gestão local, projetos e mudanças que pudessem melhorar a articulação do sistema de saúde nos municípios pesquisados; e viabilizar uma ação de saúde que beneficiasse as comunidades e dialogasse com os municípios e associações quilombolas em longo prazo. Ficou evidente o objetivo de integrar a população quilombola e os recursos ambientais, o que é crucial no conceito de autorregulação e ajustamento criativo.

As entrevistas realizadas no projeto contaram com uma amostra de conveniência composta por 35 pessoas: três lideranças quilombolas kalunga, dois representantes dos conselhos municipais de saúde, sete gestores regionais e municipais de saúde e 23 trabalhadores da atenção básica. Além disso, foram aplicados questionários para identificar as condições socioeconômicas, ambientais e de saúde, bem como a qualidade de vida da população dessas comunidades. Durante a pesquisa, foram feitas várias devolutivas com o objetivo de criar um espaço para pensar e propor soluções intra e intersetoriais de promoção da saúde em comunidades quilombolas. A análise coletiva de problemas, causas e soluções alinhou-se ao projeto, garantindo que todas as partes envolvidas pudessem contribuir para a melhoria da saúde e qualidade de vida das comunidades remanescentes de quilombos.

Nas devolutivas, ficou evidente o envolvimento parcial do governo. Durante a segunda etapa de devolutiva, cujo objetivo foi a análise de dados, participaram 31 pessoas representando diversas instituições, incluindo a AQK, a Gerência de Diversidade Sexual, de Políticas de Ações Afirmativas e Promoção da Igualdade Racial, os poderes Executivos e Judiciários, a Comissão Permanente de Política de Igualdade Racial do Instituto Federal de Goiás, a Secretaria de Inclusão, a Diretoria de Ações Afirmativas, a equipe de pesquisa da UFG e outros. Essa diversidade foi crucial para mostrar o envolvimento de diversos grupos com o projeto. Contudo, já na terceira etapa de devolutiva, que consistia em oficinas, houve pouca participação de gestores públicos, apesar dos convites oficiais. Essa desmobilização e baixa participação da gestão pública comprometeram o planejamento participativo *in loco*, dificultando a elaboração de soluções e a corresponsabilidade para a efetivação do plano de ação.

Como se autorregular e se ajustar criativamente quando as pessoas deparam com o mais do mesmo, um mundo que sufoca a diversidade e onde as mensagens de igualdade, solidariedade, apoio e união são frágeis? A resposta está na resiliência e no compromisso contínuo com o projeto, mesmo diante das adversidades. A primeira atitude importante foi continuar o projeto com as pessoas que realmente estavam comprometidas. A população quilombola, a universidade e alguns espaços públicos genuinamente interessados continuaram discutindo, com o objetivo de dar continuidade ao projeto. Eles se conscientizaram dos recursos disponíveis ou que poderiam ser obtidos e procuraram soluções, mesmo que não fossem ideais, mas possíveis.

Durante esse processo, a participação ativa e engajada dos envolvidos foi crucial. Tanto que, na sexta etapa de devolutiva, a equipe de pesquisa reforçou a valorização dos diferentes saberes, o fortalecimento da participação popular e o reconhecimento da capacidade coletiva de elaborar um planejamento participativo. Esse esforço conjunto demonstrou que, mesmo em um contexto desafiador, é possível construir caminhos criativos e eficazes para enfrentar os problemas. A perseverança e a colaboração se tornaram fundamentais para promover mudanças significativas e sustentáveis, reforçando a importância da união e do trabalho coletivo na busca de soluções que atendam às necessidades da comunidade quilombola e ampliem as possibilidades de desenvolvimento e bem-estar.

Entre os principais problemas discutidos estavam o alto número de casos de uso, abuso e dependência de álcool e outras drogas, discursos baseados em moralidade, despreparo das equipes de saúde e educação para crises, e a necessidade de aprimoramento da reforma psiquiátrica contra internações compulsórias. Foram propostas soluções como medidas de acolhimento para crises, criação de grupos e ateliês para tratamento ou encaminhamento para Centros de Atenção Psicossocial (Caps), construção de projetos terapêuticos singulares (PTS) e articulação entre saúde, saúde mental, educação e justiça.

A discussão com a comunidade quilombola resultou em uma mudança significativa de comportamento, em que a população passou a protagonizar a participação e o controle social no Sistema Único de Saúde (SUS). Coletivamente, construíram um manifesto pela equidade na execução das políticas públicas de saúde, propondo, por exemplo, a garantia de unidades básicas de saúde (UBS) com equipes multiprofissionais, implementação do Programa Brasil Quilombola, com foco em infraestrutura e qualidade de vida, e valorização dos saberes tradicionais no parto humanizado. Essas iniciativas refletem uma conscientização dos problemas e das alternativas, além de uma nova postura de liderança e engajamento da comunidade quilombola na busca de melhores condições de vida.

A análise profunda da pesquisa revelou que os principais determinantes sociais da saúde que interferem no processo de saúde-doença-cuidado das comunidades quilombolas incluem racismo ambiental, institucional e estrutural, precárias condições de trabalho e qualidade de vida, baixo acesso a alimentos saudáveis e prevalência de doenças infecciosas, neoplasias, transtornos mentais e doenças metabólicas. As propostas construídas nas oficinas de devolutiva incluem a garantia de políticas de promoção da saúde, construção de uma UBS com ações quinzenais, garantia de transporte digno para acesso aos serviços de saúde, ampliação do número de agentes comunitários de saúde e valorização dos saberes tradicionais quilombolas. Essas soluções visam promover a saúde, a equidade e a melhoria da qualidade de vida das comunidades quilombolas de Goiás.

A pesquisa evidencia como o ambiente desconstrói sonhos e impede o desenvolvimento da comunidade quilombola, destacando as inúmeras barreiras que dificultam a busca de uma vida de maior qualidade, tanto no campo pessoal quanto profissional. Essa situação reflete um contexto de marginalização estrutural em que o governo parece manter uma política de isolamento e privação de recursos financeiros, de locomoção e de educação para essas comunidades. Isso perpetua um ciclo de exclusão que impede o progresso e a autorrealização dos quilombolas, conforme discutido por Almeida (2020) sobre as políticas públicas para comunidades tradicionais.

A falta de incentivo para que a população quilombola tenha orgulho de sua história e de seus costumes, e compreenda plenamente seus direitos e deveres como cidadãos, é uma estratégia que serve para manter essas comunidades em uma posição de vulnerabilidade e desvantagem social. Segundo Almeida (2018), a negação do reconhecimento cultural e histórico das comunidades quilombolas é uma forma de racismo estrutural que visa desumanizar e desvalorizar suas contribuições para a sociedade brasileira.

O estudo revela a importância de um ajustamento criativo, em que a comunidade, apesar das adversidades, procura formas inovadoras de lidar com as limitações impostas pelo ambiente. Essa luta pela autorregulação e pela conquista de melhores condições de vida é um testemunho da resiliência quilombola, mas também um chamado para uma mudança urgente nas políticas públicas. É crucial que se promovam iniciativas que fortaleçam a autoestima, o orgulho cultural e o acesso a direitos básicos, reconhecendo a centralidade desses aspectos para a construção de uma sociedade justa e equitativa.

A necessidade de um diálogo constante e efetivo entre a comunidade quilombola, a universidade e os órgãos governamentais foi um ponto central identificado na pesquisa. Esse diálogo é essencial para desenvolver soluções que sejam sensíveis às realidades e necessidades específicas dessas comunidades, assegurando que suas vozes sejam consideradas em processos de decisão. A participação ativa das comunidades em processos de decisão sobre políticas que as afetam é fundamental para garantir que tais políticas sejam eficazes e inclusivas.

As oficinas de devolutiva realizadas no território quilombola demonstram um esforço coletivo significativo na busca de soluções intersetoriais para os determinantes sociais da saúde. A criação de um manifesto pela equidade na execução das políticas públicas de saúde, incluindo propostas como a construção de UBS com equipes multiprofissionais e a valorização dos saberes tradicionais no parto humanizado, reflete uma nova postura de liderança e engajamento da comunidade quilombola. Esses esforços são exemplos claros de ajustamento criativo, em que a comunidade, por meio de sua própria organização e resiliência, procura superar as barreiras impostas por um sistema que historicamente a marginalizou.

Propomos analisar como um Gestalt-terapeuta pode atuar teórica e praticamente em contextos sociais desafiadores, contribuindo para um engajamento mais profundo com as responsabilidades que acompanham o desenvolvimento humano em diversos ambientes. A Gestalt-terapia, com seu enfoque na autorregulação e no ajustamento criativo, oferece uma abordagem valiosa para entender e intervir nas complexas dinâmicas de poder e exclusão social. O terapeuta pode facilitar processos de conscientização e empoderamento, ajudando as comunidades a reconhecerem e valorizarem os próprios recursos e potencialidades, enquanto colaboram para transformar o ambiente social e cultural em que vivem.

Além disso, o Gestalt-terapeuta pode atuar como um agente de mudança, promovendo a autorregulação organísmica nas comunidades com as quais trabalha. A autorregulação permite que indivíduos e grupos se ajustem de maneira saudável às suas necessidades internas e às demandas externas, promovendo um estado de equilíbrio e desenvolvimento. Em comunidades quilombolas, por exemplo, nas quais o racismo estrutural e a marginalização são realidades constantes, a autorregulação pode ajudar os membros a identificar e atender suas necessidades de maneira mais eficaz, fortalecendo sua resiliência e capacidade de resistência e enfrentamento.

O ajustamento criativo, outro conceito central na Gestalt-terapia, é crucial para a adaptação e o crescimento pessoal e comunitário. O terapeuta pode ajudar as comunidades a encontrar maneiras inovadoras de lidar com as adversidades, transformando obstáculos em oportunidades para o desenvolvimento. Por meio de intervenções que incentivem a criatividade e a flexibilidade, o Gestalt-terapeuta pode apoiar as comunidades na construção de soluções que não apenas atendam às suas necessidades imediatas, mas também promovam um desenvolvimento sustentável e inclusivo em longo prazo.

Em um trabalho social, o Gestalt-terapeuta contribui para a construção de um espaço de diálogo e reconhecimento mútuo, no qual as vozes das comunidades são ouvidas e valorizadas. Esse profissional pode trabalhar em parceria com líderes comunitários, organizações não governamentais e outras entidades para desenvolver programas que promovam a justiça social e a equidade. Ao facilitar o empoderamento das comunidades, o Gestalt-terapeuta não apenas promove a saúde mental e emocional dos indivíduos, mas também fortalece o tecido social, contribuindo para a criação de um ambiente mais justo e solidário.

Em suma, ao promover a autorregulação e o ajustamento criativo, o Gestalt-terapeuta ajuda as comunidades a se tornarem mais resilientes, autônomas e capacitadas para enfrentar os desafios que encontram. Dessa forma, a intervenção terapêutica se torna um catalisador para mudanças profundas e duradouras, beneficiando não apenas os indivíduos, mas toda a comunidade.

Ao longo deste capítulo, discutimos como a Gestalt-terapia pode favorecer a autorregulação organísmica, a autoatualização, a autorrealização e os ajustamentos criativos dentro da comunidade quilombola. Porém, é igualmente importante destacar alguns dos ajustamentos que já foram feitos pelos quilombolas para enfrentar suas dificuldades diárias.

Isso é percebido já em sua história, quando, ao fugirem do sistema escravagista e formarem os quilombos, eles demonstraram um ajustamento criativo extraordinário. Outro exemplo significativo de ajustamento criativo é a busca de educação fora da comunidade. Alguns quilombolas têm tido acesso a cursos de graduação e pós-graduação na Universidade Federal de Goiás. Esses estudantes escolhem cursos que podem beneficiar o quilombo ao retornar, contribuindo para o avanço da comunidade com os conhecimentos adquiridos.

A comunidade também demonstra um forte senso de autorregulação por meio do empreendedorismo. Eles produzem e vendem produtos artesanais na Associação de Quilombolas ou em quiosques, revertendo o lucro para melhorias na comunidade, como a construção de um campo de futebol. Essa iniciativa não só gera renda, mas também fortalece os laços comunitários.

Outro exemplo importantíssimo é o resgate contínuo da cultura por meio da dança, das histórias e estórias dos mais velhos, dos remédios caseiros com plantas da região e outros costumes. Essa prática não apenas preserva a herança cultural, mas também promove a autorrealização ao adaptar tradições antigas às novidades contemporâneas.

Enfim, esses ajustamentos não só ajudam a superar as dificuldades impostas pela falta de recursos, mas também fortalecem a identidade comunitária e individual, demonstrando na prática os conceitos fundamentais da Gestalt-terapia discutidos neste capítulo. Tudo isso é possível graças à autoatualização dessa comunidade, que gera empoderamento e ampliação de possibilidades. Ampliar formas de viver é ampliar o lugar da pessoa no mundo.

REFERÊNCIAS

ALMEIDA, Silvio Luiz de. *O que é racismo estrutural?* Belo Horizonte: Grupo Editorial Letramento, 2018.

______. *Racismo estrutural.* São Paulo: Jandaíra, 2020.

ANDRADE, Celana Cardoso. "Histórias vividas em uma comunidade quilombola — O olhar da clínica em uma intervenção psicossocial". In: Associação Brasileira de Gestalt-terapia e Abordagem Gestáltica (org.). *Olhares da Gestalt-terapia para a situação de pandemia.* Curitiba: CRV, 2020. p. 237-252. (Coleção Vozes em letras, v. 1).

ANDRADE, Celana Cardoso; HOLANDA, Adriano Furtado. *Sentidos da psicoterapia — Teoria e prática da Gestalt-terapia.* Curitiba: Juruá, 2019.

BATISTA, Vera Malaguti. *Pobres, pretos e periféricos — Superencarceramento e seletividade penal no Brasil.* Rio de Janeiro: Revan, 2003.

CARVALHO, José Jorge de. *Inclusão étnica e racial no Brasil — A questão das cotas no ensino superior.* Brasília: Editora UnB, 2005.

GOLDSTEIN, Kurt. *The organism — A holistic approach to biology derived from pathological data in man.* Nova York: Zone Books, 2000.

HEIDEGGER, Martin. *Ser e tempo* [parte 1]. Petrópolis: Editora Vozes, 2001.

HUSSERL, Edmund. *The crisis of European sciences and transcendental phenomenology — An introduction to phenomenological philosophy.* Evanston: Northwestern University Press, 1970.

LIMA, Patrícia V. de Albuquerque. "A Gestalt-terapia holística, organísmica e ecológica". In: FRAZÃO, Lilian Meyer; FUKUMITSU, Karina Okajima (orgs.). *Gestalt-terapia — Fundamentos epistemológicos e influências filosóficas.* São Paulo: Summus, 2013, p. 145-156.

MERLEAU-PONTY, Maurice. *Fenomenologia da percepção.* São Paulo: Martins Fontes, 1999.

NASCIMENTO, Abdias do. *O genocídio do negro brasileiro — Processo de um racismo mascarado.* São Paulo: Perspectiva, 2002.

PERLS, Frederick; HEFFERLINE, Ralph; GOODMAN, Paul. *Gestalt-terapia.* São Paulo: Summus, 1997.

SANTANA, Fabiana Ribeiro; SOUZA, Thaísa Anders Carvalho; TAVARES, Naraiana de Oliveira. *Relatório Nepeas/UFG* [livro eletrônico]: pesquisa 2020-2024: resultados finais. Goiânia: Ed. dos Autores, 2024.

WERNECK, Jurema. "Saúde negra — Políticas públicas e discrepâncias raciais". In: GONZALEZ, Lélia. *Ações afirmativas e combate ao racismo nas Américas.* Rio de Janeiro: Pallas, 2016.

7. Autorregulação em desastres e emergências

CAMILA RIBEIRO DE PAULA

Meu interesse por desastres e emergências começou com o desastre de Brumadinho (MG), ocorrido em 2019. Desde então, outros dois graves incidentes ocorreram: a pandemia de covid-19, em 2020, e as enchentes no Rio Grande do Sul, em 2024, que afetaram 334 municípios devido ao aumento do nível das águas do rio Guaíba. Tais incidentes sinalizam uma frequência crescente de eventos catastróficos.

Contudo, essa não parece ser uma tendência que vai se desfazer. As cidades têm crescido de modo acelerado, modificando ecossistemas e modos de vida. De acordo com o Relatório Mundial das Cidades, publicado pelo ONU-Habitat em 2022, a população mundial será 68% urbana até 2050. Esse número sobe para 81% ao considerar a região da América Latina e do Caribe e chega a 85% quando o foco é o Brasil.

Falar sobre desastre e emergência exige um olhar complexo e atento. Neste capítulo, eu não abordarei as experiências de desastre de forma específica. A intenção aqui é fundamentar um caminho no qual a atuação da psicologia em situações de desastre e emergência dialogue com a Gestalt-terapia e, mais especificamente, com a autorregulação organísmica. Elas serão exemplos e ferramentas facilitadoras do diálogo. Essa decisão não pretende retirar a importância desses desastres. Ao contrário: pela grandiosidade e complexidade de cada um deles, não me proporei a esmiuçá-los nestas páginas.

Iniciamos este capítulo explorando os fatores políticos, históricos e filosóficos que moldam os desastres e emergências, fornecendo uma base para entender as respostas a esses eventos. Compartilharei minha experiência e integrarei a abordagem gestáltica nas intervenções em desastres, destacando como princípios terapêuticos podem oferecer suporte eficaz e compassivo.

De acordo com Waideleich *et al.*, entre a Revolução Industrial e o ano de 2024 houve, a temperatura média da superfície terrestre aumentou 1,2°C. Esse nível tem sido suficiente para amplificar ondas de calor, secas, enchentes e tempestades tropicais, que se tornam mais destrutivas devido ao aumento do nível do mar. A mudança climática causada pelas emissões de CO_2 já presentes na atmosfera causará a redução de um quinto do PIB global em 2050 (cerca de US$ 38 trilhões, ou R$ 200 trilhões), e os países tropicais, na maioria, serão os mais afetados por esses danos climáticos.

Dias e Repolês (2020) afirmam que crimes humanitários, ambientais e sociais, como os ocorridos em Brumadinho e Mariana, não são exceções, e sim exemplos do modelo predatório.

Os conceitos de desastre e emergência são múltiplos, mas frequentemente entendidos como

> [...] uma ruptura do funcionamento habitual de um sistema ou comunidade devido aos impactos ao bem-estar físico, social, psíquico, econômico e ambiental de uma determinada localidade. Tal evento afeta um grande número de pessoas, ocasionando destruição estrutural e/ou material significativa e altera a geografia humana, provocando desorganização social pela destruição ou alteração de redes funcionais. (Conselho Federal de Psicologia, 2021)

Os desastres não são descontextualizados da nossa cultura e do impacto causado por nós, humanos (Oliveira e Portella, 2020). Eles são "um agrupamento social em disputa constituído por subgrupos, permeado por debates de lógicas que se refletem no espaço social e que, por isso, nunca podem se constituir em um objeto em separado" (Portella *et al.*, 2016, p. 80). Portanto, é fundamental entendê-los de forma holística, bem como demarcar o fundo social e econômico que sustenta e propicia que esses eventos sejam cada vez mais recorrentes. Será nessa perspectiva que relacionarei a atuação da Gestalt-terapia com as intervenções em desastres e emergências.

Ao considerar o humano um todo existencial, a Gestalt-terapia propõe um discurso que formaliza a relação existente entre as partes (corpo-mente; vida-natureza), tornando-as inteligíveis a partir de uma concepção de todo, de inteiros, no universo. Deve-se considerar que "não faz sentido falar de um animal que respira sem considerar o ar e o oxigênio como parte da definição deste" (Perls, Hefferline e Goodman, 1997, p. 42). Trata-se, portanto, de uma reflexão filosófica que visa totalidades, ou seja, o sentido do ser humano no mundo (Ribeiro, 2011). Essas totalidades de experiência não incluem "tudo", mas são estruturas unificadas que constroem uma abstração possível, que se torna nosso mundo conhecido.

Prosseguindo com essa perspectiva, Ribeiro (2016) discute a inseparabilidade dos elementos "mundo" e "pessoa", corroborando com os escritos de Perls, Hefferline e Goodman (1997), em que eles afirmam que essa relação complexa vai além do aspecto físico, adentrando o âmbito social. Assim como um organismo vivo em interação constante com seu meio, o ser humano busca equilíbrio por meio de um processo de homeostase, absorvendo o necessário e descartando o que não lhe serve no momento em prol da autorregulação. Esse processo organiza nossa percepção, transformando elementos em figuras e inaugurando novos ciclos de experiência (D'Acri, Lima e Orgler, 2016). Em suma, a experiência existencial se dá na fronteira entre o organismo e o seu ambiente, sendo o contato a realidade mais simples e primeira (Perls, Hefferline e Goodman, 1997). Faz-se necessário, portanto, "desligar-se da ideia de contato apenas entre humanos" (Ribeiro, 2011, p. 176).

A criatividade desempenha um papel crucial na experiência humana e na autorregulação, pois capacita a adaptação às novas exigências das circunstâncias, podendo até mesmo provocar transformações. O papel ativo do indivíduo é fundamental no contexto da Gestalt-terapia, já que, diante da vasta diversidade do ambiente e das mudanças às quais está sujeito, nenhum ajustamento seria viável somente por meio da autorregulação conservadora, que ocorre de maneira involuntária e irrefletida. O ajustamento criativo, ao contrário, é uma resposta consciente no campo e um instrumento de crescimento (D'Acri, Lima e Orgler, 2016).

Nesse sentido, Robine (2006) esclarece que o fenômeno vivido não é apenas um objeto; ele denota um estado de consciência, um fenômeno de ação que revela uma intencionalidade no desvelar das coisas no mundo. Nesse sentido, a criatividade aparece como uma possibilidade de expressar essa consciência, ajudando-nos a expandir o nosso conhecimento.

Para essa construção de conhecimento entre a Gestalt-terapia e as situações de desastre e emergência, convidarei um pesquisador que teve influência significativa na visão de mundo que carregamos: Friedrich Wilhelm Heinrich Alexander von Humboldt. Humboldt foi um geógrafo, naturalista e explorador do século 19 que visitou a Amazônia com outros cientistas. Motivado por interesses econômicos e pessoais, ele empreendeu expedições para coletar amostras de plantas e animais. Seus esforços e sua dedicação para catalogar a riqueza natural da região contribuíram significativamente para o avanço do conhecimento e abriram novas linhas de pesquisa sobre o ambiente natural que são estudadas ainda hoje (Pazmino, 2023).

Humboldt descreveu a Amazônia de forma poética e admirável, mas também como um espaço intocado pelo ser humano, uma terra virgem e desordenada. Essa visão reflete seu eurocentrismo, que tende a retratar o sul do mundo como o local da natureza, enquanto o norte global é tido como o epicentro das ideias, da civilização e, portanto, do progresso e do desenvolvimento (Wulf, 2019). A relevância de seus escritos transcendeu o tempo, influenciando os projetos governamentais de Getúlio Vargas em 1940 para a região, projetos esses moldados pelo ideal de "conquistar a terra, dominar a água, sujeitar a floresta" (Andrade, 2010, p. 453) — o que expõe uma posição que insiste em pensar e apresentar o lugar da natureza em contrapartida ao lugar das ideias, da civilização, portanto, do progresso e do desenvolvimento, sustentando assim uma distribuição geopolítica desigual da autoridade epistemológica global (Andrade, 2010).

A discussão sobre o poder e o controle sobre a natureza e as populações locais leva-nos a Michel Foucault, que, em 1976, revolucionou a compreensão dos mecanismos de poder com o conceito de biopolítica. Esse conceito descreve a transição de um poder soberano que "faz morrer e deixa viver" para um biopoder que "faz viver e deixa morrer".

Peter Pál Pelbart expandiu essas ideias ao analisar como os jogos de poder contemporâneos transformam a lógica do controle social. Segundo Pelbart, a soberania se baseia em incitar, reforçar e vigiar as forças vitais, efetivando a morte por meio do desinvestimento, tornando essas formas de vida anônimas e insignificantes.

Um exemplo disso é a crise humanitária dos yanomamis, marcada pela presença de garimpeiros ilegais e falta de infraestrutura de saúde. A invasão de garimpeiros trouxe adoecimento, conflitos, violência e contaminação dos rios com mercúrio, afetando a saúde, o sustento e a cultura dos indígenas. A desnutrição crônica é um grave problema, exacerbado pela contaminação das águas e pela fuga de animais de caça. A reintrodução de alimentos para os desnutridos é complexa devido ao risco de síndrome de realimentação[1]. Apesar dos esforços de ONGs e ações governamentais, a crise exige ações

1. Quadro que pode ocorrer quando uma pessoa que estava em jejum prolongado ou em uma dieta muito restritiva volta a se alimentar. Entre os sintomas estão fraqueza, confusão, arritmias cardíacas e até mesmo complicações mais graves. [N. E.]

urgentes e coordenadas para proteger a saúde, a segurança alimentar e os direitos territoriais dos yanomamis.

Agamben (*apud* Pelbart, 2013) oferece outra perspectiva sobre essa dinâmica, argumentando que o conceito de biopoder, desenvolvido por Foucault em 1976, já não se dedica a fazer morrer ou fazer viver, mas sim a fazer sobreviver. Essa dinâmica retira do mapa a perspectiva de vida e autenticidade, cria sobreviventes e produz uma sobrevida.

Esse processo consiste em separar cada vez mais a vida orgânica do animal, o não humano do humano, objetivando uma separação absoluta entre o vivente e o falante. Nesse contexto, Pelbart (2013) destaca que os estrangulamentos biopolíticos exigem brechas para ativar a imaginação política, teórica, afetiva, corporal, territorial e existencial, indicando que os esgotamentos estão relacionados à liberação de outras energias, visões e noções. Com isso, podemos entender que os desastres não apenas acontecem, mas também são criados e muitas vezes direcionados a alguns territórios, com o olhar de quem vê ali pouca vida e muitos recursos.

Nesse contexto, os desastres não são meras ocorrências naturais, mas sim eventos moldados por relações de dominação e exploração.

Foi com base nesse entendimento que me vi profundamente afetada pelos eventos em Brumadinho. Minha caminhada com desastre e emergência se inicia após noticiários do dia 25 de janeiro de 2019. Mas ela não começou de uma vez. Minha reação inicial foi a de torpor, quase como se eu estivesse resignada à ideia de que desastres como aquele eram uma "nova normalidade". Esse sentimento foi influenciado por vários fatores, incluindo o clima político tenso do ano anterior, marcado por uma eleição presidencial conturbada e o ressurgimento de valores conservadores que questionavam o estado de bem-estar social. O discurso de ódio e até mesmo a nostalgia do período ditatorial no Brasil ganhavam força. Em certo sentido, eu já havia me acostumado a enxergar o mundo como um lugar de calamidades, mas agora sem o choque inicial.

Após esse período de dormência emocional, algo dentro de mim despertou. Um misto de sensibilidade, tristeza e raiva me impulsionou à ação. Procurei uma ONG em Belo Horizonte que estava coordenando esforços de voluntariado para ajudar em Brumadinho. Durante oito meses, estive no campo, testemunhando de perto as consequências devastadoras do desastre.

No primeiro dia em Brumadinho, a ameaça iminente representada pela barragem VI ainda pairava no ar, aumentando a tensão na cidade. Ao visitar o Parque da Cachoeira, constatei como a paisagem e a vida dos moradores foram drasticamente alteradas. A falta de água potável, o deslocamento forçado e a preocupação com segurança e compensação tornaram-se questões urgentes. A presença de equipes de ONGs e psicólogos ofereceu certo conforto emocional, mas a demanda de apoio era esmagadora, sobrecarregando os serviços de saúde locais.

Os primeiros dias de trabalho nos colocaram diretamente no epicentro do desastre, exigindo que oferecêssemos apoio e presença em meio ao caos. Como bem aponta Brito (2019), o trabalho em emergências nos desafia a sair da nossa zona de conforto, a abandonar a previsibilidade do consultório e nos lançar em um espaço de atuação sem fronteiras claras. E foi exatamente isso o que fizemos.

Com o passar do tempo, surgiam cada vez mais perguntas sobre o futuro, o que alimentava a angústia e a necessidade de previsibilidade para ajudar na reconstrução psicológica dos afetados. Além de comida e roupas, as pessoas necessitavam de informações claras sobre seus direitos, os processos de indenização e as maneiras de se manterem seguras em meio ao caos.

Nos meses seguintes, nosso trabalho passou a incluir não apenas assistência emergencial, mas também apoio psicológico e orientação sobre os processos legais e burocráticos que se seguiram ao desastre. No entanto, os desafios persistiram, e o trauma não se limitou apenas ao evento inicial, mas se estendeu às estruturas sociais e familiares da comunidade.

Essa experiência me ensinou lições valiosas sobre resiliência e solidariedade, destacando a importância de manter os modos de vida das comunidades afetadas. A atenção psicossocial foi imperativa para aliviar o trauma e promover o equilíbrio emocional e social. Contudo, a abordagem tradicional muitas vezes se mostra inadequada para os desafios específicos de desastres. Aqui, a Gestalt-terapia pode oferecer uma contribuição significativa, sobretudo quando é necessário um enfoque integrado e holístico. É crucial reconhecer que a atenção psicossocial em situações de desastre vai além da assistência clínica tradicional, envolvendo ajuda humanitária e intervenções sociais. Ela requer uma abordagem interdisciplinar e a participação ativa da comunidade, abordando necessidades básicas como segurança, alimentação, moradia e trabalho (Paho, 2006).

A experiência em Brumadinho mostrou que, em desastres de grande magnitude, a morbidade psiquiátrica pode aumentar significativamente, sobretudo em indivíduos com vulnerabilidades prévias e perdas consideráveis. Isso sublinha a necessidade de uma abordagem holística e adaptativa para garantir uma recuperação eficaz e sustentável. A Gestalt-terapia, com seu foco na autorregulação e na percepção sensorial, oferece um suporte valioso ao integrar aspectos individuais e coletivos no processo de recuperação.

Encontram-se poucas publicações que vinculam a Gestalt-terapia às situações de desastre e emergência ou ao enfrentamento do transtorno de estresse pós-traumático (TEPT). Fisher (1986) observa, ironicamente e com frustração, que a abordagem gestáltica ainda não atualizou todo o seu potencial nem deixou a sua marca na literatura profissional sobre o tratamento do TEPT.

Diante da lacuna bibliográfica, é fundamental utilizar a base da psicologia de desastre e emergência para orientar intervenções gestálticas nesses contextos. O *Guia prático de intervenções em saúde mental* (Paho, 2006) destaca que o impacto psicossocial de eventos traumáticos depende da natureza do evento, das características das vítimas e do ambiente. É crucial que os profissionais de saúde mental estejam atentos à descrição da população afetada, considerando aspectos quantitativos e qualitativos, além de aspectos socioeconômicos e culturais. Fatores de risco e protetores, como experiências de trauma e redes de apoio social, são essenciais para uma resposta eficaz e sustentável a desastres, ajudando a mitigar efeitos adversos e promover a resiliência. A disponibilidade de recursos também é vital para apoiar as comunidades afetadas. Identificar necessidades psicossociais e institucionais é fundamental para fornecer orientação, apoio emocional e liderança, promovendo a recuperação. A Gestalt-terapia tem expandido sua atuação clínica, integrando considerações políticas e sociais ao trabalho terapêutico, com contribuições significativas de autores como Müller-Granzotto, Belmino, Kato, Klaren e Levi.

No entanto, é comum observar que, nos cursos de formação em Gestalt-terapia, as intervenções terapêuticas ainda são predominantemente concebidas em um contexto individual, mesmo quando críticas de natureza política estejam nas situações clínicas.

No contexto de desastres e emergências, surge o desafio de conceber a autorregulação não apenas como um processo individual, mas também coletivo. É fundamental compreender as dimensões das rupturas ocorridas e identificar os processos e entidades envolvidas nesse contexto complexo. De acordo com Perls, Hefferline e Goodman (1997), a realidade e o valor emergem em consequência da autorregulação, seja ela neurótica ou saudável. Existe uma tendência para que uma tensão forte se destaque e organize a consciência e o comportamento. Cada situação inacabada e mais premente assume a dominância, mobilizando todo o esforço disponível até que a tarefa seja completada. A consciência espontânea da necessidade predominante e sua organização das funções de contato representam a forma psicológica da autorregulação organísmica. As coisas mais importantes são priorizadas e nos comprometemos com elas sem hesitação.

Em situações de desastre e emergência, a fronteira de contato enfrenta uma sobrecarga de informações e emergências, sendo impactada por situações como perigos intoleráveis ou frustrações. Em geral, as vítimas de desastres enfrentam experiências e perdas significativas. Em muitos casos, nossa interpretação inicial dessas situações, baseada em uma perspectiva individual, leva-nos a considerar o estresse pós-traumático e o luto como foco principal das intervenções. Contudo, nesses cenários também se faz necessário que nosso olhar atente para os suportes e ameaças existentes no campo.

Embora a recuperação inicial possa ocorrer naturalmente, é crucial fornecer suporte social, comunitário e psicológico para uma recuperação eficaz. Esse apoio oferece um ambiente seguro e recursos para processar experiências e reconstruir vidas.

Ao enfatizar a criatividade e a autorregulação, a Gestalt-terapia, apode facilitar esse processo, ajudando os indivíduos a enfrentar e integrar suas experiências. Além disso, a dimensão política desempenha papel fundamental na alocação de recursos e na formulação de políticas que afetam a recuperação. Portanto, é essencial que os profissionais estejam engajados não apenas no suporte direto, mas também na promoção de políticas que garantam uma recuperação equitativa e inclusiva.

Durante a recuperação, é comum uma diminuição gradual na intensidade das reações emocionais, à medida que as vítimas ajustam suas experiências. A Gestalt-terapia enfatiza a capacidade humana de autorregulação, permitindo que indivíduos mobilizem recursos internos para lidar com o trauma. Um campo de apoio robusto, que inclui suporte psicológico, redes sociais e intervenções comunitárias, é fundamental. Instituições como a Cruz Vermelha e a defensoria pública desempenham papel primordial ao oferecer suporte imediato e contínuo, como abrigo, alimentação e atendimento médico e psicológico. Esse suporte é essencial para a estabilidade inicial, assim como para uma recuperação mais completa e sustentável, ajudando as vítimas a explorar novas formas de autorregulação e a retomar sua vida com um senso renovado de equilíbrio.

A criatividade, como expressão da nossa essência, é crucial para a autorregulação em adversidades (Perls, Hefferline e Goodman, 1997). Ela permite liberar novas energias e desenvolver novas visões, ajudando a superar limitações impostas por contextos adversos. A Gestalt-terapia valoriza essa criatividade e percepção sensorial, apoiando a integração de experiências traumáticas e promovendo a recuperação emocional e social, contribuindo para a resiliência e a reconstrução das comunidades afetadas.

O ato criativo não apenas reflete a nossa saúde psicológica, mas também se revela como uma força dinâmica capaz de restabelecer o equilíbrio na fronteira de contato. Quando deparamos com as demandas do mundo e as circunstâncias desafiadoras que nos cercam, a criatividade se apresenta como um recurso valioso, possibilitando a reconstrução de uma realidade tolerável.

Mesmo diante de situações aparentemente imutáveis, como a perda de um ente querido, o organismo humano responde de maneira regulatória, manifestando-se por meio de processos como o luto e o choro. Essas reações, longe de serem meramente emocionais, constituem mecanismos intrínsecos de restauração do equilíbrio psíquico, desde que permitamos que ocorram. A autorregulação, junto com a criatividade, emerge como um catalisador poderoso, guiando-nos na jornada de adaptação e superação e demonstrando que, mesmo diante da mais árida das realidades, há sempre espaço para a reinvenção e a transformação (Perls, Hefferline e Goodman, 1997).

De acordo com a Organização Pan-Americana da Saúde (Paho, 2006), durante as primeiras 72 horas após o desastre, é comum observar uma variedade de respostas psicológicas, incluindo crises emocionais, entorpecimento psíquico, ansiedade difusa e instabilidade afetiva. As intervenções nesse estágio visam avaliar danos, fornecer socorro e proteção, satisfazer necessidades básicas imediatas e oferecer primeiros socorros psicológicos.

No primeiro mês após um desastre, é comum que as pessoas sintam aflição, medo, tristeza e sintomas físicos. Durante esse período, é crucial realizar ações contínuas de avaliação dos danos em saúde mental e fornecer apoio humanitário e social (Paho, 2006). Isso inclui a instalação de tendas de apoio psicológico e sessões de aconselhamento para lidar com o trauma inicial. Assistência médica e social é oferecida para tratar sintomas físicos como dores de cabeça, insônia e problemas gastrointestinais, além da distribuição de alimentos e água. Serviços de busca e reunificação ajudam a reunir famílias separadas, com centros de informação para localizar entes queridos desaparecidos. Abrigos temporários oferecem segurança e acolhimento, enquanto forças de segurança mantêm a ordem. A comunicação eficiente é mantida com atualizações sobre a situação e orientação sobre recursos de ajuda. Atividades de normalização, como rotinas diárias e atividades recreativas e educativas, ajudam as vítimas a recuperar um senso de normalidade, assim como grupos de suporte mútuo e redes de apoio comunitário.

Após três meses, espera-se uma redução gradual das manifestações emocionais. No entanto, podem surgir sinais de risco, como lutos não superados e sintomas de estresse pós-traumático. Intervenções nessa fase concentram-se em acompanhar casos em risco, detectar indivíduos e grupos com psicopatologia e oferecer intervenções psicossociais individuais e grupais (Paho, 2006).

Entre dois e três meses após o desastre, é possível observar uma diminuição da ansiedade, embora a tristeza possa persistir. Intervenções incluem apoio da rede social, acompanhamento emocional aos mais vulneráveis e intervenções psicológicas individuais e grupais para lidar com as manifestações encobertas de tristeza e ansiedade (Paho, 2006). O fortalecimento da rede social é fundamental, promovendo encontros comunitários e eventos sociais que incentivem a interação e o apoio mútuo entre os sobreviventes. O acompanhamento emocional contínuo é oferecido aos mais vulneráveis, como crianças, idosos e pessoas que sofreram perdas significativas, garantindo que eles recebam atenção e cuidado adequados.

Intervenções psicológicas individuais são realizadas para ajudar as pessoas a enfrentarem e processarem suas emoções, com sessões focadas em técnicas de enfrentamento e resiliência. Grupos de apoio são formados, permitindo que os sobreviventes compartilhem suas experiências e encontrem conforto em situações semelhantes, facilitando a expressão e elaboração do luto coletivo. Além disso, atividades terapêuticas, como arteterapia, musicoterapia e exercícios de *mindfulness*, são introduzidas para ajudar a aliviar os sintomas de tristeza e ansiedade de maneira criativa.

Contudo, não podemos ignorar que a resiliência não é uma característica estritamente individual, sendo construída por um tecido social que nos permite ir além da sobrevivência. Pelbart (2003) chama isso de "a arte de tecer-se", uma habilidade que emerge das interações e conexões entre os membros de uma comunidade. Portanto, para promover uma resiliência genuína e duradoura, é essencial fortalecer os laços sociais e comunitários, proporcionando um ambiente de apoio e solidariedade no qual as pessoas se sintam valorizadas e amparadas em seus momentos de vulnerabilidade. Nesse sentido, o trabalho terapêutico não deve se limitar ao indivíduo, mas também incluir esforços para fortalecer o tecido social que sustenta e nutre a resiliência coletiva.

Quando falamos de autorregulação em desastres e emergências, referimo-nos a uma complexa interação de fatores e à participação de todos os envolvidos, pois eles são recursos de grande importância na capacidade individual de se regular. A autorregulação não se limita apenas à capacidade pessoal de lidar com o estresse e a adversidade, mas também envolve o suporte da comunidade, a presença de redes sociais sólidas e a intervenção de profissionais de saúde mental.

Esses elementos contribuem para um ambiente que facilita a adaptação e a recuperação emocional. O suporte comunitário, por exemplo, oferece uma sensação de pertencimento e segurança, enquanto as redes sociais proporcionam apoio emocional e prático. Intervenções psicológicas, por sua vez, ajudam os indivíduos a processarem suas experiências traumáticas e a desenvolverem estratégias eficazes de enfrentamento. Assim, a autorregulação em contextos de desastre e emergência é um processo multifacetado, que depende da sinergia entre recursos internos e externos, destacando-se a importância de um esforço coletivo para promover a resiliência e o bem-estar psicológico.

À luz desses elementos, que são guiados por manuais, bem como por fatores políticos e econômicos, os quais delineiam a autorregulação em contextos de desastre e emergência, trago minha trajetória profissional nessas circunstâncias. Neste capítulo, eu apresento experiências pós-desastre, mas é importante demarcar que as ações da psicologia de desastre se estendem para outras fases, que vão da prevenção do desastre à recuperação do território. Cada fase requer abordagens específicas e colaboração entre diferentes atores.

Depois de sair de Brumadinho, meu trabalho continua na CasaMIGA LGBTQIAPN+, situada em Manaus, que acolhe pessoas LGBTQIAPN+ brasileiras e refugiadas, sobretudo da Venezuela, Colômbia e Guiana, que fogem de crises políticas e econômicas. A CasaMIGA oferece um refúgio seguro, apoio psicossocial e orientação, focando em empregabilidade, educação e autonomia. As pessoas chegam com experiências e traumas, e estamos passando da resposta de emergência para a intervenção e recuperação. O foco é implementar programas que promovam a integração à sociedade local, incluindo educação, treinamento profissional, suporte psicológico e iniciativas de inclusão social. Trabalhamos em colaboração com órgãos governamentais, ONGs e outras instituições para garantir uma resposta coordenada e abrangente, mantendo relatórios atualizados e trocando informações para apoiar a recuperação e reconstrução da vida dessas populações vulneráveis.

É igualmente crucial promover o respeito e oferecer apoio emocional, objetivando não apenas aliviar o sofrimento imediato, mas também ajudar a pessoa a compreender e enfrentar seus sintomas. Reforçar a autoestima e promover o reconhecimento do progresso são passos importantes para facilitar a recuperação e a retomada da vida normal. Por fim, elaborar o luto e apoiar o processo de enfrentamento das perdas são aspectos essenciais para ajudar a pessoa a reconstruir sua vida após o trauma. Essa abordagem holística requer sensibilidade, competência e trabalho em equipe para garantir que todas as necessidades emocionais e psicológicas sejam atendidas de maneira eficaz e compassiva (Paho, 2006).

A Organização Pan-Americana de Saúde (Paho, 2006) afirma que, para alcançar os objetivos das intervenções psicológicas individuais em casos de desastre e emergência, é essencial estabelecer estratégias sólidas de relacionamento e comunicação. Isso implica criar um ambiente de confiança e segurança, no qual a vítima ou a pessoa afetada se sinta acolhida e compreendida. É crucial demonstrar empatia e interesse genuíno, ouvindo atentamente e respeitando as emoções expressas. Além disso, adaptar a linguagem e o ritmo da conversa às características individuais e culturais do paciente é fundamental para estabelecer uma conexão significativa.

Nesse sentido, a Gestalt-terapia tem muito a contribuir. Hycner e Jacobs (1997, p. 15) afirmam que "o coração do homem anseia por contato — acima de tudo, anseia por diálogo genuíno", fundamentando a relação como um fator essencial para o processo de cura. Os autores deixam claro que somos inextricavelmente entrelaçados e que não podemos ser nós mesmos até que nossa singularidade seja reconhecida pelo outro. A Gestalt-terapia carrega uma atitude genuína de sentir, sensibilizar e experienciar, trazendo uma "abertura para ouvir o que não está sendo falado e para ver o que não é visível" (p. 16), o que Polster e Polster (*apud* Hycner e Jacobs, 1997) chamam de "episódio de contato".

Apesar do impacto negativo que as ideias de Humboldt geraram na visão das vidas humanas na Amazônia, é fundamental ressaltar que ele também afirmou que tudo no universo está interconectado, dos menores organismos aos mais vastos ecossistemas. Sua percepção visionária de que nada existe de forma independente e separada criou as bases para o que hoje chamamos de "rede da vida". E é nesse caminho que a Gestalt-terapia se constrói.

A perspectiva gestáltica sobre desastres e emergências oferece uma abordagem holística e centrada no desdobramento dos processos movimentados pela autorregulação, o que pode ser extremamente benéfico para intervenções em situações de desastre e emergência. Ao reconhecer a interconexão entre os indivíduos, suas comunidades e seus ambientes sociais, os terapeutas podem compreender mais profundamente os impactos psicossociais dos eventos traumáticos. Além disso, técnicas e foco na percepção sensorial ajudam as pessoas a lidarem com o trauma de forma mais direta e eficaz, trazendo-as de volta para o momento presente, sobretudo em contextos de crise. Essa abordagem também sustenta movimentos coletivos e sociais que ativam a imaginação política, teórica, afetiva, corporal, territorial e existencial.

É necessário, portanto, continuar desenvolvendo práticas que não apenas respondam ao trauma imediato, mas também reconheçam e integrem as necessidades emocionais e sociais em longo prazo. A Gestalt-terapia, com sua abordagem integrativa, convida-nos a observar e interagir com os aspectos emergentes das experiências das pessoas, oferecendo suporte não apenas no nível individual, mas também coletivo.

A dimensão política e social deve ser compreendida como parte do campo de contato no qual a recuperação e a resiliência se manifestam. As decisões e políticas que moldam a resposta a desastres influenciam profundamente a forma como as comunidades se reorganizam e se fortalecem. Portanto, é crucial que, como profissionais, mantenhamos uma consciência crítica e uma postura ativa, engajando-nos não apenas no suporte direto, mas também na promoção de políticas que favoreçam uma recuperação equitativa e inclusiva.

Em última análise, ao olhar para todos os fios inter-humanos que nos constroem, a Gestalt-terapia não apenas ajuda a curar as feridas emocionais, mas também capacita as comunidades a florescerem novamente, reconquistando o que lhes foi destinado. A importância da dimensão política nos processos de recuperação após desastres é fundamental para garantir uma resposta abrangente e sustentável às necessidades das comunidades afetadas. A atuação política desempenha um papel crucial na alocação de recursos, na coordenação de esforços entre diferentes agências e na formulação de políticas e estratégias que visam promover a reconstrução e a resiliência das comunidades.

Em um contexto pós-desastre, as decisões políticas podem influenciar diretamente a eficácia e a equidade das intervenções de recuperação. Isso inclui a distribuição de recursos financeiros para a reconstrução de infraestrutura, o acesso a serviços de saúde mental e psicossocial, a implementação de políticas de reassentamento e realocação de comunidades afetadas e a promoção de programas de desenvolvimento econômico e social que visam restaurar meios de subsistência e fortalecer a resiliência das populações locais. Além disso, a dimensão política também desempenha um papel na garantia dos direitos humanos das vítimas e na promoção da justiça e da prestação de contas por parte das instituições responsáveis pelo desastre. Isso implica garantir que as comunidades afetadas tenham voz e participação ativa nas decisões que afetam sua vida, bem como busquem a responsabilização por eventuais negligências ou violações de direitos durante a resposta ao desastre.

Portanto, uma abordagem sensível e inclusiva é essencial para assegurar que os processos de recuperação sejam justos, eficazes e atendam às necessidades reais das comunidades afetadas. Isso requer o envolvimento de diversos atores, como governos locais e nacionais, organizações da sociedade civil e comunidades locais, em um esforço colaborativo para reconstruir e fortalecer as comunidades diante da adversidade.

REFERÊNCIAS

ANDRADE, Rômulo de Paula. "Conquistar a terra, dominar a água, sujeitar a floresta — Getúlio Vargas e a revista 'Cultura Política' redescobrem a Amazônia (1940-1941)". *Boletim do Museu Paraense Emílio Goeldi. Ciências Humanas*, v. 5, 2010, p. 453-468.

BELMINO, Marcus Cézar. *Fritz Perls e Paul Goodman — Duas faces da Gestalt-terapia*. Fortaleza: Premius, 2014.

CONSELHO FEDERAL DE PSICOLOGIA; Conselhos Regionais de Psicologia; Centro de Referência Técnica em Psicologia e Políticas Públicas. *Referências técnicas para atuação de psicólogas (os) na gestão integral de riscos, emergências e desastres*. Brasília-DF, outubro de 2021.

D'ACRI, Gladys; LIMA, Patrícia; ORGLER, Sheila (orgs.). *Dicionário de Gestalt-terapia — 'Gestaltês'*. São Paulo: Summus, 2016.

DIAS, André L. Freitas; REPOLÊS, Maria F. Salcedo. "Violações de direitos das comunidades atingidas pela mineração no contexto da Pandemia". In: ALMEIDA, Alfredo W. B. de; MARIN, Rosa E. A.; MELO, Eriki Aleixo de (orgs.). *Pandemia e território*. São Luís: Uema, 2020, p. 833-846.

FISHER, Bari S. *Development, diagnosis and treatment of post-traumatic stress disorder and the Vietnam veteran population*. Tese (mestrado em Ciência da Educação), Portland State University, 1986.

FOUCAULT, Michel. *História da sexualidade. Vol. 1. A vontade de saber*. 13. ed. Rio de Janeiro: Graal, 1976.

HYCNER, Richard; JACOB, Lynn. *Relação e cura em Gestalt-terapia*. Tradução Elisa Pass e Marcia Portella. São Paulo: Summus, 1997.

OLIVEIRA, Simone S.; PORTELA, Sergio. "Pensamento durante o nevoeiro — A pandemia Covid-19". In: VALENCIO, Norma; OLIVEIRA, Celso M. de (orgs.). *Covid-19 — Crises entremeadas no contexto de pandemia — antecedentes, cenários e recomendações*. São Carlos: UFSCar/CPDI, 2020. p. 371-381.

ONU-HABITAT. *Relatório Anual 2022*. 26 jul. 2023. Disponível em: https://relatorio-anual-2022.netlify.app/. Acesso em: 27 nov. 2024.

PAHO — Pan American Health Organization. *Guía práctica de salud mental en situaciones de desastres*. Washington, D.C., ago. 2006.

PAZMINO, Ana Veronica. "Alexander Von Humboldt, o primeiro ecologista no século 19". *Revista Técnico-Científica do Programa de Pós-Graduação em Design da Univille*, v. 6, n. 1, p. 55-66, 2023.

PELBART, Peter Pál. "O corpo do informe". In: GREINER, Christine.; AMORIM, Claudia (orgs.). *Leituras do corpo*. São Paulo: Annablume, 2003, p. 67-76.

_____. *O avesso do niilismo — Cartografias do esgotamento*. São Paulo: N-1 Edições, 2013.

PERLS, Frederick; HEFFERLINE, Ralph; GOODMAN, Paul. *Gestalt-terapia*. Trad. Fernando Rosa Ribeiro. São Paulo: Summus, 1997.

PORTELLA, Sergio Luiz Dias *et al*. "Da 'ponte sobre águas turbulentas' à reinvenção do 'homem lento' — Reflexões sobre assimetrias de saber e desastres". *Ciência & Trópico*, v. 40, n. 1, 2016, p. 77-98.

RIBEIRO, Jorge Ponciano. *Conceito de mundo e de pessoa em Gestalt-terapia — Revisitando o caminho*. São Paulo: Summus, 2011.

_____. *Gestalt-terapia — Refazendo um caminho*. 9. ed. São Paulo: Summus, 2016.

ROBINE, Jean-Marie. *O self desdobrado — Perspectiva de campo em Gestalt-terapia*. São Paulo: Summus, 2006.

WAIDELEICH, Paul *et al*. "Climate damage projections beyond annual temperature". *Nature Climate Change*, 2024. Disponível em: https://www.researchsquare.com/article/rs-3198712/v1. Acesso em: 27 nov. 2024.

WULF, Andrea. *A invenção da natureza — A vida e as descobertas de Alexander von Humboldt*. São Paulo: Crítica, 2019.

8.
Além do limite: *burnout* e a desumanização no trabalho contemporâneo

ELISA RITA FERREIRA ANDRADE

Maria era uma desenvolvedora de *software*, engajada em uma *startup* conhecida por sua cultura de "jogo duro". A empresa brilhava por fora com sua aura de inovação e energia, mas, por dentro, a realidade era um campo minado de expectativas desproporcionais e ritmos implacáveis.

Quando Maria se juntou à equipe, estava seduzida pela promessa de crescimento e por um ambiente colaborativo e dinâmico. Porém, não demorou para que a máscara da empresa caísse, revelando uma cultura de trabalho extremamente exigente, sustentada pelos pilares do "neomanagement"[1]. A intensificação do trabalho era exigida como combustível para a inovação e o sucesso. Isso significava jornadas que invadiam

1. Estilo contemporâneo de gestão organizacional que combina práticas de gerenciamento tradicionais com novas abordagens focadas em eficiência, produtividade e uma forte ênfase no sucesso individual. Esse conceito geralmente critica o impacto dessas práticas na cultura corporativa e no bem-estar dos trabalhadores, ressaltando a crescente pressão por resultados que podem comprometer a saúde mental e física dos empregados, além de fomentar um ambiente de trabalho extremamente competitivo e individualista (Gaulejac, 2010).

noites e fins de semana, em nome de metas ambiciosas de lançamentos de produtos.

As métricas de desempenho eram rígidas. Avaliações contínuas mediam não só a produtividade, mas também a capacidade individual de inovar. Maria estava aprisionada pela constante pressão de não apenas programar, mas revolucionar, frequentemente sem o tempo necessário para nutrir a qualidade ou a criatividade genuína.

Ela se sentia constantemente esgotada e subvalorizada. A pressão incessante para superar metas a fazia duvidar da própria competência e de seu valor. Lutando contra uma paralisia por análise, a busca de perfeição e inovação imobilizava suas decisões, retardando ainda mais seu trabalho. A ansiedade e os sintomas do estresse — como insônia e dificuldades de concentração — começaram a emergir, minando sua eficiência e criatividade.

A história de Maria é reflexo de uma realidade de trabalho intensa e opressiva que leva a quadros de esgotamento extremo, como o *burnout*. Este capítulo procura compreender essa problemática, explorando os aspectos que o envolvem e discutindo intervenções possíveis para aqueles que enfrentam essa realidade.

A ORGANIZAÇÃO DOS PROCESSOS DE TRABALHO E OS IMPACTOS NA SAÚDE DOS TRABALHADORES

No cenário atual do mundo do trabalho, a inovação tecnológica se funde com ritmos de trabalho acelerados, muitas vezes prejudicando o bem-estar dos funcionários. Práticas como contratos temporários e extensas jornadas impõem insegurança e a deterioração das condições laborais. Ferramentas como e-mails e mensagens instantâneas, longe de facilitar, aumentam a carga de trabalho, mantendo os empregados em constante alerta.

Gaulejac (2007) faz críticas ao "neomanagement", que exalta o sucesso individual e exige eficácia implacável, fazendo que o trabalhador internalize culpas e sucessos[2], em uma jornada solitária. A globalização intensifica essa competição, forçando os trabalhadores a sacrificar valores éticos e morais, levando a um sofrimento ético que despersonaliza e aliena.

Esses processos exigem uma reavaliação urgente dos métodos de trabalho para resgatar a dignidade e a integridade dos funcionários, questionando o propósito e a humanidade no ambiente laboral. Práticas como ambiguidade de funções, sobrecarga, falta de autonomia, conflitos interpessoais e injustiça organizacional são problemas comuns que desumanizam o ambiente. O *downsizing*, em particular, semeia medo e insegurança, deteriorando o clima organizacional e erodindo a confiança e o espírito de equipe.

A forma de organização dos processos de trabalho na atualidade gera impactos de várias ordens. Um aspecto, a que chamamos de violência psicológica no trabalho, se refere ao desgaste físico e mental por volume, carga, pressão e ritmo, o que gera impactos à saúde — como o esgotamento físico e mental conhecido como síndrome de *burnout*, considerada

2. A ideia implícita na "internalização do sucesso" se refere ao processo pelo qual os trabalhadores são levados a acreditar que todo o mérito e resultado positivo alcançado são exclusivamente fruto de seus esforços individuais. Além disso, essa internalização aumenta a vulnerabilidade ao sofrimento ético e ao *burnout*, pois a pessoa pode se sentir constantemente pressionada a ser eficiente e bem-sucedida, sem espaço para falhas ou para lidar com limitações humanas.

um dos impactos mais graves a que o trabalhador pode estar exposto. Ela emerge não apenas como um estado de exaustão emocional, mas como um sinal alarmante da erosão do ser no seu mundo vivido.

O QUE É A SÍNDROME DE *BURNOUT*?

O *burnout*, ou esgotamento profissional, é um fenômeno complexo que pode ser compreendido por meio da experiência subjetiva do indivíduo, em que o fenômeno é descrito tal como é vivido. O tempo vivido pelo trabalhador se torna uma sequência de momentos extenuantes, nos quais o futuro é percebido como uma extensão interminável de esforço e desgaste. O tempo se dilata, e cada dia de trabalho parece interminável. O espaço laboral transforma-se em um ambiente hostil e opressivo, gerando uma sensação de aprisionamento.

A sensação corporal no *burnout* é marcada por uma exaustão profunda. O corpo é vivido como pesado, lento e dolorido. A energia vital parece drenada e há uma sensação constante de fadiga que não se resolve com o descanso. As funções corporais básicas, como o sono e a alimentação, são afetadas, levando a um ciclo de deterioração física e mental.

A autopercepção do indivíduo sofre uma transformação significativa. Sentimentos de incompetência, fracasso e desvalorização emergem. A autoestima diminui drasticamente e o indivíduo pode se sentir alienado de si mesmo, como se observasse sua vida a distância, sem reconhecer a pessoa que se tornou. O *burnout* é caracterizado por uma combinação de desespero, ansiedade e anedonia. A capacidade de experimentar prazer ou satisfação no trabalho e na vida pessoal é severamente comprometida. A apatia e a indiferença tornam-se predominantes, e a tristeza profunda pode ser constante. A ansiedade surge da percepção de não se conseguir cumprir as demandas e expectativas, tanto internas quanto externas.

Os relacionamentos interpessoais deterioram-se à medida que o indivíduo se torna cada vez mais retraído e isolado. A paciência e a empatia diminuem, resultando em conflitos e afastamento de colegas, amigos e familiares. A sensação de desconexão se intensifica, alimentando um ciclo de solidão e isolamento.

A experiência de *burnout* inclui uma profunda crise de significado. O trabalho, que pode ter sido uma fonte de propósito e identidade, perde seu significado. A vida profissional é vista como vazia e sem valor, e essa perda de propósito por vezes se estende para outras áreas da vida, gerando uma sensação generalizada de desesperança.

JORNADA DE EXAUSTÃO: DESVENDANDO AS FASES DO *BURNOUT*

Segundo Maslach, Jackson e Leiter (1996), o *burnout* se desenvolve em três fases distintas:

- **Fase de exaustão emocional** — fase inicial, na qual os indivíduos sentem-se esgotados, sem energia e incapazes de enfrentar as demandas contínuas do trabalho.
- **Fase de despersonalização** — ocorre um aumento do cinismo em relação ao trabalho. Os indivíduos começam a desenvolver uma atitude negativa em relação aos

colegas e aos clientes, tratando-os de maneira insensível ou excessivamente distante.

- **Fase de redução da realização pessoal** — caracterizada por uma diminuição na sensação de realização e eficácia no trabalho. Os profissionais sentem que não são competentes no que fazem e que seu trabalho não é valorizado.

O *BURNOUT* E A NOVA CLASSIFICAÇÃO NA CID-11

Na CID-10, a síndrome de *burnout* foi classificada sob o código Z73.0, descrita como "problemas relacionados à dificuldade em controlar a vida", na seção de "problemas relacionados com a organização do trabalho e outras dificuldades relacionadas ao trabalho". Em maio de 2019, a Organização Mundial de Saúde (OMS) anunciou oficialmente a inclusão da síndrome de *burnout* na CID-11, classificada sob o código "QD85", descrita como um fenômeno ocupacional.

No Brasil, o *burnout* é reconhecido como doença ocupacional desde a inclusão, pelo Ministério da Saúde, na Lista de Doenças Relacionadas ao Trabalho, publicada em 2023.

Em 2020, a OMS reiterou a necessidade de políticas e medidas de saúde ocupacional para enfrentá-lo, incentivando os países a adotarem práticas de prevenção e tratamento adequadas.

AS INTERRUPÇÕES DO CONTATO NO *BURNOUT* À LUZ DA GESTALT-TERAPIA

Segundo Polster e Polster (1973), o *self* é visto como um processo dinâmico de contato com o outro e com o ambiente, no qual o indivíduo tenta satisfazer suas necessidades, resolver *Gestalten* incompletas e restaurar o equilíbrio.

É um processo de ajustamento criativo que permite ao indivíduo adaptar-se às novidades do ambiente, bem como modificá-lo conforme suas necessidades. Perls (1977) diz que, em ambientes opressivos, a fronteira de contato é frequentemente perturbada ou distorcida.

O ciclo de contato envolve pré-contato, contato e pós-contato. Em um ambiente opressivo, esse ciclo é interrompido. As pessoas podem se encontrar presas na fase de pré-contato, dominadas pela ansiedade e incapazes de avançar para a ação efetiva e a satisfação de necessidades, ou em padrões repetitivos que impedem o novo contato e crescimento.

- **Conflitos internos e externos** — ambientes opressivos costumam gerar uma sensação de impotência ou medo, o que pode levar ao conflito interno. O indivíduo começa a internalizar as normas opressivas e vive em constante conflito entre suas necessidades e desejos autênticos e o que é imposto por forças externas. Isso pode resultar em autorrepressão e em uma desconexão das próprias emoções e necessidades.
- **Retroflexão** — em vez de expressar sentimentos ou desejos ao mundo externo, o indivíduo começa a voltar essas energias contra si mesmo — por exemplo, a raiva dirigida a um chefe autoritário é transformada em autocrítica ou depressão.
- **Despersonalização e desrealização** — longos períodos em ambientes opressivos podem levar a um estado de despersonalização ou desrealização, em que a pessoa se

sente desconectada de si mesma e do mundo ao seu redor. Essa pode ser uma defesa contra a dor contínua de viver em um ambiente hostil.

As pessoas afetadas por *burnout* experienciam uma perda significativa da capacidade de fazer contato efetivo consigo mesmas e com os outros. Suas fronteiras, que em condições saudáveis são ajustáveis e permeáveis, tornam-se rígidas ou excessivamente fluidas, dificultando o encontro autêntico e a troca energética saudável com o mundo. O *burnout* leva a uma interrupção no ciclo de contato, em que a *awareness* da própria necessidade se obscurece e a mobilização para a ação se torna cada vez mais difícil. O indivíduo se sente preso em um "fundo de figura", em que as demandas externas dominam e a figura de suas próprias necessidades não emerge com clareza. Esse cenário é extremamente desgastante, pois a pessoa continua a funcionar sem o devido contato com suas necessidades internas, sem perceber o que de fato necessita para recuperar seu equilíbrio.

COMPREENSÃO GESTÁLTICA DO *BURNOUT* E A DIFERENÇA DO ESTRESSE CRÔNICO

O estresse crônico, visto como uma pressão contínua que excede a capacidade de adaptação do indivíduo, é como uma série ininterrupta de situações inacabadas que pedem atenção e resolução. Essa condição mantém o indivíduo em constante "modo de alerta", enfrentando uma sobrecarga de estímulos sem o necessário descanso — o que gera sintomas como irritabilidade e problemas físicos devido à erosão gradual da vitalidade.

O *Burnout*, porém, é o ápice de um esgotamento prolongado, marcado não apenas pela sobrecarga contínua, mas pela perda de significado e satisfação, sobretudo no trabalho. Caracteriza-se por despersonalização, redução da realização pessoal e exaustão emocional, o que implicará uma falha no ciclo de contato. Além disso, o *self* não consegue mais formar ou dissolver *Gestalten* eficazmente, o que resulta em dificuldade de participar ativamente das interações ou de se afastar delas de forma que recupere ou mantenha a energia. Em vez disso, a pessoa se sente drenada ou incapaz de se conectar de modo genuíno.

O estresse crônico representa uma luta contínua para manter o controle, enquanto o *burnout* é um estado de capitulação, no qual o indivíduo se desconecta emocionalmente, marcado por cinismo e um profundo sentimento de vazio.

A intervenção gestáltica nos casos de *burnout* e do estresse crônico busca mais do que aliviar sintomas; objetiva restaurar a fluidez do ciclo de contato, permitindo ao indivíduo reconectar-se com suas necessidades autênticas e recuperar a capacidade de viver de maneira harmoniosa. Essa recuperação pode ser vista como uma canção que, aos poucos, redescobre sua melodia e seu ritmo em meio às dissonâncias da vida.

No cerne da Gestalt-terapia, a corporeidade é crucial tanto para a compreensão quanto para a recuperação do *burnout*.

COMPREENDENDO O SISTEMA *SELF* DE CONTATO

O conceito de *self*, na Gestalt-terapia, é dinâmico e relacional. Ele não é uma entidade fixa, mas um processo contínuo de contato e retirada de contato com o ambiente. Jean-Marie

Robine (2006) descreve o *self* como a função emergente do contato, que se desenvolve a partir da interação entre o organismo e o seu entorno. É possível acrescentar ainda que o *self* é tanto um processo quanto uma estrutura, adaptável e flexível, que se reorganiza constantemente em resposta às experiências e contextos vividos. O sistema *self* de contato é composto por três funções principais: a função **id**, que se refere às necessidades e aos impulsos primários, às motivações internas que impulsionam a ação; a função **ego**, que atua como o mediador, a função organizadora que decide como e quando as necessidades serão satisfeitas; a função **personalidade**, que se relaciona à estrutura de crenças, valores e identidades que orientam a interpretação da experiência.

Essas funções operam em um ciclo de contato, que começa com a sensação de uma necessidade (pré-contato), segue para a mobilização de recursos para satisfazer essa necessidade (contato), culmina na realização e assimilação da experiência (pós-contato) e, finalmente, na retirada para um novo estado de equilíbrio (contato final).

AS INTERRUPÇÕES DE CONTATO NO *BURNOUT*

No contexto do *burnout*, o ciclo de contato é continuamente interrompido, o que compromete a integridade do *self*. É possível, à luz da Gestalt, observar as várias formas de interrupções de contato que ocorrem nesse contexto:

- **Confluência** — perda de fronteiras entre o *self* e o ambiente. No *burnout*, o indivíduo se torna tão identificado com as exigências do trabalho que suas necessidades pessoais são suprimidas. A sensação de identidade se dissolve, e o trabalhador vive exclusivamente em função das expectativas externas.

- **Introjeção** — aceitação passiva (quando ocorre) de normas e valores externos sem questionamento. No *burnout*, o indivíduo internaliza as expectativas irrealistas e as pressões do ambiente de trabalho como suas, levando a uma autoexigência desgastante.
- **Projeção** — atribuição de características ou emoções internas a elementos externos. No *burnout*, observa-se uma tendência a culpar o ambiente ou outros colegas pelos próprios sentimentos de inadequação e estresse, sem reconhecer a origem interna deles.
- **Retroflexão** — direção de energias destinadas ao ambiente de volta para si mesmo, o que pode levar a somatizações e autoagressões.
- **Deflexão** — evitação do contato pleno com a experiência. No *burnout*, o indivíduo pode recorrer a distrações, como o uso excessivo de tecnologia, álcool e outras drogas ou atividades frenéticas, a fim de evitar confrontar o verdadeiro estado de esgotamento e insatisfação.
- **Dessensibilização** — diminuição da sensibilidade às sensações corporais. Os indivíduos se tornam insensíveis às suas necessidades físicas e emocionais, ignorando os sinais de exaustão até que o corpo colapse.

O adoecimento por *burnout*, segundo a Gestalt-terapia, pode ser entendido como uma crise no ciclo de contato do indivíduo, que, em essência, deveria permitir a assimilação de novas experiências e a eliminação das obsoletas, num fluir constante de ajustamento criativo entre o *self* e o mundo. No entanto, sob o jugo implacável do excesso de demandas e expectativas, o *self* encontra-se aprisionado em um círculo vicioso de adaptações forçadas, em que o contato genuíno com os próprios desejos e necessidades é obstruído, o que resulta em uma perda de vitalidade e sentido.

A síndrome de *burnout*, portanto, não é meramente um estado de cansaço; é uma interrupção na capacidade de fazer contato autêntico com o meio, uma falha no processo de formação e destruição de *Gestalten*, delineando figuras claras num fundo de vividos. Quando o indivíduo é incapaz de reconhecer e satisfazer suas necessidades básicas, quando as *Gestalten* não são completadas e as situações inacabadas se acumulam, o resultado é um esgotamento profundo do corpo e da alma.

Na Gestalt-terapia, o cuidado nos casos de *burnout* centra-se na reabilitação do ciclo de contato. Trata-se de um convite para que o indivíduo, guiado pelo terapeuta, se reconecte com sua experiência imediata, aprendendo a discernir as impressões sensoriais das interpretações automáticas que distorcem sua realidade. O objetivo é restabelecer a capacidade de resposta do *self*, permitindo que o indivíduo possa novamente perceber suas necessidades, reconhecer suas emoções e responder de maneira criativa às circunstâncias.

CICLO DE CONTATO E FASES DO *BURNOUT*

Tomando como base os achados sobre as fases do *burnout* e as referências técnicas da Gestalt-terapia, descrevo aqui uma possível relação entre ambos, considerando o sistema *self* de contato e o processo de interrupção do contato no *burnout*.

Pré-contato (sobrecarga sensorial)

Na fase de alerta do *burnout*, ocorre uma sobrecarga sensorial que impede a capacidade de identificar necessidades e desejos, levando à confusão e à incapacidade de focar. O ambiente e os estímulos externos podem influenciar muito essa fase. Fatores como ruído, luminosidade, sobrecarga de informações, simultaneidade de tarefas, alta expectativa de produtividade e desempenho contribuem para essa interrupção.

Contato (fadiga de decisão)

Na fase de resistência do *burnout*, a fadiga de decisão surge em consequência da necessidade contínua de tomar decisões sob pressão, o que esgota a energia mental e emocional, resultando em ações mecânicas e despersonalizadas.

A interação social, as demandas interpessoais, a falta de apoio social, os conflitos interpessoais, a falta de suporte no local de trabalho, de apoio institucional, a falta de clareza no repasse das informações, pressão e expectativas irreais de chefias aumentam a fadiga de decisão.

Contato final (fechamento incompleto)

Na fase de exaustão do *burnout*, o fechamento incompleto deixa pendências emocionais e práticas, o que resulta em sentimentos de insatisfação e frustração, agravando o estado de exaustão. Cabe aqui desenvolver estratégias terapêuticas específicas para ajudar os clientes a fechar essas *Gestalten*.

Pós-contato (exaustão cognitiva)

Na fase de despersonalização, a exaustão cognitiva impede o processamento adequado das experiências e a integração de aprendizados, perpetuando o ciclo de estresse e exaustão. O processo terapêutico nessa fase precisa contribuir com a possibilidade de voltar a sentir a si mesmo, reconectar o corpo com a realidade e com a responsabilidade de recuperação desse organismo.

EVOLUÇÃO NEUROPSICOFISIOLÓGICA DO *BURNOUT* PARA O TEPT

Em minha experiência clínica, observo nitidamente muitos quadros de *burnout* evoluírem para quadros de Transtorno de Estresse Pós-Traumático (TEPT). Para entender esse processo de uma perspectiva neuropsicofisiológica, é importante explorar as mudanças cerebrais e fisiológicas que ocorrem em resposta ao estresse crônico e intenso. Para abordar esse assunto, uso os estudos de Van der Kolk (2015), relativos às principais estruturas cerebrais envolvidas nesse processo e aos mecanismos de resposta ao estresse.

Mecanismos de evolução do *burnout* para TEPT

Segundo Sapolsky (2014), o *burnout* em geral se desenvolve devido ao estresse crônico no ambiente de trabalho. A exposição prolongada a esse estresse, sobretudo quando um indivíduo se sente impotente ou desamparado, pode aumentar significativamente o risco de traumas psicológicos. Assim, a capacidade de um indivíduo de lidar com o estresse diário diminui gradualmente. Segundo Van der Kolk (2015), a persistência desse estado pode levar a uma deterioração da resiliência psicológica, fazendo que eventos que antes seriam manejáveis se tornem potencialmente traumatizantes. A perda de significado e a despersonalização típicos do *burnout* podem contribuir para uma sensação de desesperança, que é um fator de risco para o TEPT.

Em contextos de trabalho particularmente estressantes, indivíduos com *burnout* podem experimentar contextos específicos que são percebidos como ameaçadores ou extremamente adversos (como violência, ameaças graves de demissão ou falhas críticas percebidas). Tais eventos podem atuar como traumas agudos que desencadeiam o desenvolvimento de TEPT. Herman (1997) diz que tanto no *burnout* quanto no TEPT há alterações significativas na regulação do eixo hipotálamo-pituitária-adrenal (HPA), que regula a resposta ao estresse. O *burnout* pode levar a uma hipersensibilização desse eixo, aumentando a produção de cortisol. Se o sistema se torna cronicamente ativado, ele pode falhar em desligar-se adequadamente, o que está associado à hipervigilância e a outros sintomas do TEPT. Assim, a falta de intervenção adequada no estágio inicial de *burnout* pode precipitar a evolução para o transtorno de estresse pós-traumático.

O *BURNOUT* E O NERVO VAGO

Ao construir uma correlação entre a síndrome de *burnout* e a teoria polivagal, precisamos entender um pouco mais da neurofisiologia do nervo vago e que ele pode ser afetado pelo estresse crônico, o que altera o equilíbrio do sistema nervoso autônomo. Normalmente, o nervo vago ajuda a mediar respostas parassimpáticas, promovendo relaxamento e recuperação após o estresse. No entanto, o *burnout* pode levar a uma dominância persistente do sistema nervoso simpático ("luta ou fuga"), reduzindo a eficácia do nervo vago para restaurar o estado de calma. Isso resulta em uma série de problemas físicos e emocionais, inclusive ansiedade, depressão, fadiga e dificuldades digestivas. O estado crônico de alerta impede a recuperação adequada e pode desencadear processos inflamatórios, contribuindo para a deterioração da saúde geral. A regulação adequada do nervo vago é essencial para manter o equilíbrio neurofisiológico e promover a resiliência ao estresse.

RECUPERANDO O CICLO DE CONTATO

A recuperação do *burnout* implica restaurar o ciclo de contato saudável, o que implica restabelecer a capacidade do *self* de interagir com o ambiente de maneira flexível e adaptativa. A presença terapêutica se propõe a aumentar a conscientização sobre as interrupções de contato e suas origens, permitindo que o indivíduo reconheça padrões disfuncionais e comece a explorar novas formas de interação com o ambiente.

O terapeuta pode estimular a experimentação de novos comportamentos e modos de ser no mundo. Esses experimentos ajudam a desafiar e modificar padrões introjetados e retroflexivos. Promover um diálogo aberto e não interpretativo ajuda a pessoa a explorar suas experiências internas e externas de maneira autêntica, bem como facilita a reconexão das partes fragmentadas do *self*, restaurando a coesão e a integridade do *self* de contato e desenvolvendo a capacidade de autossuporte, reconhecendo e atendendo às próprias necessidades e limites.

O *burnout* é uma condição que fragmenta o *self* ao interromper continuamente o ciclo de contato. A compreensão das interrupções de contato e a aplicação das abordagens gestálticas podem ajudar a restaurar a saúde e a integridade do *self*. Ao promover um ambiente terapêutico que facilita a conscientização, a experimentação e a integração, os trabalhadores e trabalhadoras se tornam capazes de redescobrir a capacidade de estabelecer contatos saudáveis e significativos com seu ambiente.

O *SELF* COMO PROCESSO RELACIONAL E CORPORIFICADO

Na Gestalt-terapia, o *self* é visto como um processo relacional que se desenvolve e se manifesta por meio do contato contínuo entre o organismo e o ambiente. Esse processo é intrinsecamente ligado à corporeidade, pois é por meio do corpo que experimentamos o mundo e nos engajamos nele. No contexto do *burnout*, a desconexão entre o *self* e o corpo é uma característica marcante, que resulta em interrupções significativas no ciclo de contato.

Perls, Hefferline e Goodman (1997) enfatizam que o corpo não é apenas um receptáculo passivo das experiências, mas um agente ativo que participa da formação do *self*. Os sintomas físicos do *burnout* — tais como dores crônicas, tensão muscular e insônia — são manifestações somáticas de um *self* que está em sofrimento e desintegração. A recuperação do *burnout*, portanto, deve envolver a reintegração do corpo no processo de contato.

Na Gestalt-terapia, a corporeidade é fundamental para a compreensão e o tratamento do *burnout*. O corpo não é apenas um veículo para o *self*, mas uma expressão integral e dinâmica dele. Dessa maneira, por meio do corpo experimentamos o mundo, processamos emoções e estabelecemos contato com o ambiente.

A Gestalt-terapia compreende o *self* como um processo contínuo de contato com o ambiente. Esse contato é mediado pelo corpo, que atua como um canal para nossas experiências sensoriais, emocionais e cognitivas. No *burnout*, a capacidade do corpo de mediar esse contato é frequentemente comprometida, levando a uma série de interrupções que dificultam a integração do *self*.

A DIMENSÃO RELACIONAL DO CORPO

Merleau-Ponty (1999) pontua que o corpo não existe isoladamente; ele está em constante interação com outros corpos e com o ambiente. O *burnout* quase sempre resulta de um desequilíbrio nessas interações. Portanto, ao trabalhar com o corpo, também consideramos como ele se relaciona com o mundo ao redor — com o trabalho, a comunidade e as redes de suporte.

A corporeidade é um aspecto essencial da Gestalt-terapia e um componente vital na recuperação do *burnout*. A restauração do sistema *self* de contato ajuda os indivíduos a restaurar a integridade e a capacidade de autorregulação.

Por meio da *awareness*, exploração fenomenológica e desenvolvimento do autossuporte, a Gestalt-terapia oferece um caminho robusto para a reintegração do *self*. A presentificação do corpo permite que o sujeito se ancore no aqui e agora, estabelecendo um equilíbrio saudável e sustentável com o ambiente.

A RESTAURAÇÃO DO SELF NA GESTALT-TERAPIA: UM PASSO DE CADA VEZ

Jean-Marie Robine (2006) oferece uma perspectiva refinada e aprofundada sobre o processo de restauração do *self*. O autor afirma que o *self* é um processo relacional que emerge no contato entre o indivíduo e seu ambiente, criticando qualquer abordagem que o trate como uma entidade isolada. Para ele, a verdadeira restauração do *self* só pode ocorrer por meio da exploração e transformação das relações que o indivíduo mantém com seu mundo, enfatizando a importância de compreender as nuanças da experiência imediata do cliente.

Nessa perspectiva, vale explorar em detalhe as sensações, emoções e os pensamentos do cliente que emergem, sem pressa, sem vaidade. Uma compreensão mais rica do momento presente ajudaria a desvelar os padrões de interrupção de contato que contribuem para o *burnout*. Para Robine (2006), o significado das experiências é cocriado na interação entre terapeuta e cliente, destacando a importância de um diálogo genuíno em que ambos colaboram para dar sentido às experiências vividas.

No contexto do *burnout*, segundo essa percepção, eu diria que é crucial que o terapeuta não imponha interpretações, mas ajude o cliente a descobrir seus próprios significados. Isso fortalece a autonomia e a capacidade do cliente de encontrar novas maneiras de se relacionar com o trabalho e a vida.

INTERRUPÇÕES DE CONTATO E REESTRUTURAÇÃO

Observo que as interrupções de contato funcionam como mecanismos adaptativos que, embora disfuncionais, inicialmente servem para proteger o indivíduo. Assim, comprometo-me com a prática de uma abordagem compassiva e não patologizante para trabalhar com essas interrupções. É importante que o terapeuta ajude o cliente a perceber como essas interrupções, como a retroflexão ou a deflexão, surgiram e como podem ser transformadas, em vez de simplesmente removê-las. Tanto Perls quanto Robine, em suas obras, mencionam a importância do autossuporte, mas percebo que adicionam uma ênfase na redescoberta contínua do *self* por meio do contato autêntico. Ambos dão a entender que o autossuporte é um processo dinâmico de encontrar equilíbrio e autenticidade nas relações.

No processo de recuperação do *burnout*, a Gestalt, sob seus preceitos, encoraja práticas que ajudem o cliente a se reconectar com os próprios desejos, necessidades e capacidade criativa, promovendo uma vida mais alinhada com seus valores e aspirações. Nós, terapeutas, podemos adentrar esse processo com a possibilidade de restaurar novas formas de relação, uma vez que na vivência da violência pode ter havido um bloqueio da disponibilidade para o contato autêntico.

Ao ler Robine, e focando na relacionalidade do *self* e na cocriação do significado das experiências, eu ressaltaria a importância de um trabalho terapêutico minucioso, fenomenológico e compassivo, que honre a singularidade de cada cliente. No contexto do *burnout*, destaco a importância de reconfigurar as relações disfuncionais e promover um autossuporte dinâmico e contínuo, facilitando a redescoberta do *self* em sua plena autenticidade e vitalidade.

Na visão de Robine, o corpo é o ponto de ancoragem do *self*, onde sentimos e experimentamos o mundo diretamente. No *burnout*, o corpo quase sempre manifesta os sinais de esgotamento antes mesmo que o cliente esteja consciente disso. Dores crônicas, tensão muscular e insônia são todos gritos do corpo por atenção.

O *burnout* pode ser uma consequência da ignorância prolongada dos sinais corporais. Quando os indivíduos não conseguem atender às suas necessidades corporais básicas, o sistema de *self* de contato se desequilibra e o indivíduo se torna insensível às mensagens do corpo. Para restaurar a integridade do *self*, precisamos ajudar os clientes a redescobrir essa conexão corporal. Isso pode ser feito por meio da atenção plena às sensações corporais e da experimentação com novas maneiras de se mover e estar presente no corpo. Encorajar os clientes a realmente sentir os pés no chão, a respiração nos pulmões e a presença do corpo no espaço ajudam a restaurar o sentido de enraizamento e presença.

É importante também abordar histórias e emoções que estão incorporadas nesses sintomas físicos. Por exemplo, uma tensão crônica no pescoço pode estar relacionada a um peso simbólico de responsabilidades excessivas. Trabalhar fenomenologicamente com essas sensações revela muito sobre as dinâmicas internas do cliente e suas interações com o ambiente.

Ao explorarmos essas sensações, podemos usar técnicas como a ampliação de consciência para que o cliente perceba o corpo não apenas como um objeto, mas como um sujeito vivo e senciente.[3] Isso é crucial para a reintegração do *self*.

3. O termo "senciente" deriva do latim *sentire*, que significa sentir. É frequentemente usado para descrever seres que têm a capacidade de sentir ou perceber sensações físicas ou emocionais. Em discussões filosóficas e éticas, sobretudo em contextos relacionados aos direitos dos animais e bioética, "senciente" é usado para se referir a qualquer ser que possa experienciar sofrimento e prazer ou ter experiências conscientes. A senciência é um critério usado por muitos filósofos e eticistas para determinar o tratamento moral e ético que determinado ser deve receber.

A integração do corpo funciona como elemento fundamental para o autossuporte. Quando os clientes aprendem a confiar e a responder aos sinais do corpo, eles desenvolvem uma base sólida para o autossuporte. O corpo oferece uma sabedoria intrínseca sobre o que é necessário para manter a saúde e o bem-estar. É uma fonte constante de *feedback* que, quando respeitada e atendida, pode guiar o cliente para escolhas mais saudáveis e equilibradas.

Essa percepção nos leva ao conceito de autorregulação, central na Gestalt-terapia, que consiste em ajudar nossos clientes a se reconectar com o corpo, facilitamos a capacidade deles de autorregular suas emoções e estados internos. Essa autorregulação é essencial para prevenir novos episódios de *burnout* e promover uma recuperação sustentável.

Mônica Alvim (2017) menciona a necessidade de considerar a dimensão social do corpo. Nosso corpo não existe em isolamento; ele está em constante interação com outros corpos e com o ambiente. O *burnout* frequentemente resulta de um desequilíbrio nessas interações. Portanto, ao trabalhar com o corpo, também precisamos considerar como ele se relaciona com o mundo ao redor — com o trabalho, com a comunidade e com as redes de suporte. Parece-me que nossa cultura provoca um entendimento que nos faz secundarizá-lo, esquecê-lo. No entanto, é o corpo que nos permite explorar dimensões invisíveis do mundo. Ele pode explorar o invisível por meio da escuta, da sensação e de outros sentidos, como tato, olfato, audição e visão. O Gestalt-terapeuta é aquele que considera o corpo, resgata essa dívida e possibilita a expressão corporal. Na clínica, não lidamos apenas com o que é visível, mas também com os espaços e os não ditos. Quais são os espaços não ditos desse corpo que vivenciou a violência, e como acessar espaços tão dolorosos?

A corporeidade não é apenas uma questão individual, mas também relacional. Nosso corpo carrega a história de nossas interações e, ao trabalharmos com o *burnout*, estamos ajudando os clientes a renegociar essas histórias. Ao restaurar a capacidade de contato saudável, estamos essencialmente reescrevendo a narrativa do corpo em relação ao mundo.

Ao final, a restauração do contato saudável e a atenção integral à pessoa que passa por um processo de esgotamento no nível do *burnout* são processos profundamente encarnados. É por meio do corpo que reconectamos, renegociamos e redescobrimos nosso lugar no mundo. Essa reconexão é a chave para uma vida plena e saudável. Nosso trabalho, como Gestalt-terapeutas, é criar um espaço seguro e acolhedor para que essa reconexão aconteça. Por meio da presença, da atenção e do respeito ao corpo, podemos acompanhar nossos clientes em um processo de reconexão, ajudando-os a fruir mesmo diante das adversidades.

A RESTAURAÇÃO DO CONTATO SAUDÁVEL COM O MUNDO NOS CASOS DE *BURNOUT*

O corpo só pode ser pensado na abstração de interação, na totalidade do campo, do corpo e do ambiente. A nossa corporalidade envolve hábitos motores que são aprendizados culturais incorporados. Todo processo de socialização passa pelo corpo, que performa normatividades. Ao mesmo tempo, temos a capacidade de atualizar esses hábitos. O corpo é o suporte do contato, como afirma Robine (2006).

A modernidade exige sujeitos produtivos. Vivemos em um ciclo incessante, competindo com nós mesmos, o que faz que o corpo perca a capacidade sensível de viver. Com o excesso, ninguém é capaz de sentir. O corpo se apresenta no extremo, na dor, e é cobrado por produtividade. Há um reforço para que ele não perceba o que sente, tornando-se dessensibilizado, manifestando-se em formas psicossomáticas. É necessário humanizar o corpo dessensibilizado, ameaçado pelo não ser e por ansiedades impensáveis.

Os aspectos fundantes do *self* são as sensações experimentadas e registradas pela presença humanizadora do outro. A criança ganha unidade corporal na presença do outro, surgindo um corpo psíquico cujas funções são elaboradas imaginativamente, integrando diferentes experiências sensoriais. A pessoa que perdeu energia para lidar com a sobrecarga psíquica precisa resgatar esse eu, relembrar quem é e quais são suas reais necessidades, diferenciando-se do meio opressor.

A presença genuína e autêntica do terapeuta é crucial no processo terapêutico. O terapeuta ajuda o cliente a reconhecer suas necessidades e responder a elas, equilibrar a energia e agir de forma criativa e adaptativa. Trabalha para ressensibilizar o corpo do cliente, restaurando a capacidade de contato saudável e ajudando na recuperação e reinvenção do sentido.

O processo terapêutico direcionado aos casos de *burnout* na Gestalt-terapia envolve a restauração do contato saudável com o mundo, desfazendo interrupções no ciclo de *awareness*-excitação-contato e promovendo a autorregulação do organismo, reintegrando a experiência corporal e sensorial, permitindo que o cliente recupere sua vitalidade e conexão com o mundo, transformando o sofrimento em crescimento e bem-estar.

Sentar-me diante de um cliente é entrar em um espaço sagrado de encontro. Aqui, cada sessão é um ato de presença, uma dança delicada de dar e receber. Como terapeuta, minha primeira tarefa é esvaziar-me. Deixo de lado expectativas, julgamentos e teorias preconcebidas para me abrir ao que está se apresentando aqui e agora.

Enquanto o escuto, faço um esforço consciente para estar inteiramente com ele. Isso significa ouvir não apenas suas palavras, mas também perceber seus gestos, sua linguagem corporal e os sentimentos que suas palavras tentam, mas muitas vezes não conseguem, expressar. A escuta ativa se estende além dos ouvidos; ela é corporal e emocional.

A presença também implica uma abertura para ser tocado pelo que o cliente traz. É permitir que suas dores e alegrias ressoem em mim, sem que eu perca meu centro. Essa é uma dança delicada de empatia e limites. Ao me permitir ser movida pelo que o cliente compartilha, posso genuinamente responder de maneira terapeuticamente eficaz e profundamente humana.

Na prática, a presença é um ato de equilíbrio entre ser e fazer. Há momentos em que minha intervenção é mínima, permitindo que o cliente explore seus pensamentos e sentimentos com pouca direção. Em outros momentos, escolho intervir mais ativamente, ajudando-o a identificar e trazer à tona percepções importantes para o processo, promovendo uma compreensão mais clara de situações e sentimentos, guiando-o através de percepções ou exercícios que podem ajudar a iluminar e transformar suas experiências.

A presença não é apenas uma técnica, mas um modo de ser no mundo terapêutico. Ele reconhece que sua capacidade de ser verdadeiramente presente afeta sobremaneira o processo terapêutico, facilitando um espaço onde o crescimento pode ocorrer não apenas para o cliente, mas também para o terapeuta. Essa abordagem centrada na presença autêntica reflete um compromisso profundo com a jornada terapêutica compartilhada.

Quando me sento diante de um cliente que sofre no processo de recuperação de *burnout*, meu primeiro impulso é estabelecer uma conexão que vá além das palavras. *Burnout*, em essência, é um grito de exaustão do corpo em todas as suas dimensões, uma resposta ao desgaste prolongado sem atenção adequada às necessidades pessoais. Percebo que meu cliente perdeu o contato não apenas com seu ambiente, mas crucialmente com ele mesmo.

O *burnout* fragmenta a capacidade de se engajar com a vida de modo pleno. Em geral, os indivíduos relatam sentir-se desligados, vazios e incapazes de enfrentar até mesmo pequenas tarefas. Como terapeuta, minha tarefa é ajudá-los a reconhecer e nomear essa exaustão sem julgamento. Eu ouço atentamente, reconhecendo sua luta e validando sua experiência, pois o reconhecimento é o primeiro passo para o crescimento.

Emprego minha presença como uma âncora para nossas sessões. Isso significa estar totalmente engajada e atenta, criando um espaço seguro no qual o silêncio fala tão alto quanto as palavras. Minha presença oferece um modelo de estar no mundo de uma forma que respeita os próprios limites e energias. Eu permaneço aberta, disponível, o que por si só pode ser terapêutico para alguém que sente que o mundo está constantemente exigindo mais do que se pode oferecer.

Uma parte crucial no tratamento do *burnout* é ajudar o cliente a reconectar-se com seu corpo. Encorajo práticas que centrem a consciência no aqui e agora, guiando-o para notar sensações corporais, a respiração e até mesmo movimentos sutis. Essas práticas aterram, começam a reacender a sensibilidade ao corpo que o *burnout* pode ter embotado.

Para cada interrupção de contato identificada — seja introjeção, projeção, confluência ou retroflexão —, trabalho com o cliente para explorar como essas dinâmicas surgem em suas interações diárias e pensamentos internos. Cada interrupção é uma oportunidade para entender melhor como ele abandonou os próprios desejos e necessidades em favor das demandas externas ou das expectativas autoimpostas.

Emprego o conceito de ajustamento criativo para ajudá-lo a desenvolver novas maneiras de responder ao ambiente que respeitem seus limites e capacidades atuais. Juntos, exploramos como ajustar suas responsabilidades, estabelecer limites saudáveis e encontrar formas de autocuidado que sejam genuinamente revitalizantes.

Ao oferecer minha presença, mostro ao cliente que é possível interagir com o mundo de uma maneira que preserve e até cultive a energia pessoal. Minha abordagem, em que procuro constantemente ser uma parceria empática, destaca que a recuperação de *burnout* é um processo colaborativo.

Ao trabalhar com pacientes em estado de *burnout*, a presença que ofereço não é apenas uma técnica terapêutica; é uma vivência compartilhada que reforça a possibilidade de mudança. Ao reacender a conexão com seu corpo e com suas necessidades, ajudamos a pavimentar o caminho de volta para si mesmos.

REFERÊNCIAS

ALVIM, Mônica Botelho. "O corpo entre virtualidade e produtividade — Experiência e contato na situação contemporânea". In: FRAZÃO, Lilian Meyer (org.). *Questões do humano na contemporaneidade — Olhares gestálticos*. São Paulo: Summus, 2017, p. 49-70.

CIOBANU, Adela. M.; DAMIAN, Ana Claudia; NEAGU, Cristina. "Association between burnout and immunological and endocrine alterations". *Romanian Journal of Morphology Embryology*, v. 62, n. 1, p. 13-18, jan.-mar. 2021. Disponível em: https://pmc.ncbi.nlm.nih.gov/articles/PMC8597388/. Acesso em: 22 nov. 2024.

FREUDENBERGER, Herbert J.; RICHELSON, Geraldine. *L'Épuisement professionnel — La brûlure interne*. Trad. Marc Pelletier. Ottawa: Gaëtan Morin, 1987.

HERMAN, Judith. *Trauma and recovery: the aftermath of violence — From domestic abuse to political terror*. Nova York: Basic Books, 1997.

MASLACH, Christina; JACKSON, Susan E.; LEITER, Michael. *Maslach burnout inventory manual*. Palo Alto: Consulting Psychologists Press, 1996.

MELAMED, Shlomo *et al.* "Chronic burnout, somatic arousal and elevated salivary cortisol levels". *Journal of Psychosomatic Research*, v. 46, p. 591-598, 1999.

MERLEAU-PONTY, M. *Fenomenologia da percepção*. Trad. Carlos Alberto Ribeiro de Moura. São Paulo: Martins Fontes, 1999.

MINISTÉRIO DA SAÚDE DO BRASIL; ORGANIZAÇÃO PAN-AMERICANA DA SAÚDE NO BRASIL. *Doenças relacionadas ao trabalho — Manual de procedimentos para os serviços de saúde*. Brasília: Ministério da Saúde do Brasil, 2001.

PERLS, Frederick S. *Gestalt-terapia explicada*. São Paulo: Summus, 1977.

PERLS, Frederick S.; HEFFERLINE, Ralph; GOODMAN, Paul. *Gestalt-terapia*. São Paulo: Summus, 1997.

POLSTER, Erving; POLSTER, Miriam. *Gestalt therapy integrated — Contours of theory & practice*. Nova York: Vintage Books, 1973.

PORGES, Stephen W. *The polyvagal theory: neurophysiological foundations of emotions, attachment, communication, and self-regulation*. Nova York: W. W. Norton, 2011.

ROBINE, Jean-Marie. *O self desdobrado — Uma perspectiva de campo em Gestalt-terapia*. Trad. Sonia Augusto. São Paulo: Summus, 2006.

SAPOLSKY, Robert. *Stress and your body*. Chantilly: *The Great Courses*, 2010.

______. *Behave — The biology of humans at our best and worst*. Nova York: Penguin, 2017.

SONNENSCHEIN, Mieke. *et al.* "Exhaustion and endocrine functioning in clinical burnout — An in-depth study using the experience sampling method". *Biological Psychology*, v. 75, n. 2, p. 176-184, maio 2007.

VAN DER KOLK, Bessel. *O corpo fala — Cérebro, mente e corpo na cura do trauma*. São Paulo: Cultrix, 2015.

9. O planeta como organismo: autorregulação organísmica e o desafio climático

MARCO AURÉLIO BILIBIO CARVALHO

Como vimos nos capítulos anteriores, a teoria organísmica teve um grande impacto no surgimento das vertentes psicoterapêuticas baseadas no potencial humano. Ela ofereceu um modelo de crescimento e restruturação holística da psique que permanece válido e diariamente testemunhado por gerações de Gestalt-terapeutas. A influência da teoria organísmica sobre Abraham Maslow, expressa em suas obras (2013, 2011), levou à perspectiva de um organismo em constante autorregulação e em busca da realização de suas potencialidades ao cerne da psicologia humanista.

Juntamente com conceitos orientadores como a centralidade na experiência presente e o poder transformador da autoexploração e do encontro autêntico, a autorregulação organísmica se tornou a liga entre abordagens como a Gestalt-terapia (Perls, Hefferline e Goodman, 1997), a abordagem centrada na pessoa (Rogers, 2009), a psicologia existencial (Frankl, 1991) e a psicologia transpessoal (Grof, 2003), que, apesar de não fazerem referência direta à autorregulação organísmica, trabalham com noções de um ser humano integral, em ajustamentos criativos com o meio e em busca de significado e transcendência, potencialidades centrais para a existência humana.

A teoria organísmica (Goldstein, 1995) dialoga com a psicologia da Gestalt (Kohler, 1980; Frazão e Fukumitsu, 2013), com a teoria holística (Smuts, 2013), com a teoria de campo (Lewin, 2024; Frazão e Fukumitsu, 2013) e com o dia a dia de uma clínica que procurava resgatar a humanidade em cada pessoa, sequestrada pela hipertrofia da razão que a alienava de seu corpo, de seus sentimentos e dos sentidos mais profundos da vida. Além disso, Goldstein também contribuiu imensamente para a evolução das neurociências. Sua obra está alinhada com o conceito contemporâneo de neuroplasticidade. Porém, penso ser possível dizer que o avanço do racionalismo científico acadêmico o deixou para trás, sem que fosse citado pelos autores desse campo (Merzenich, Nahum, e Van Vleet, 2014; Bach-y-Rita, 1980).

De qualquer forma, sua contribuição foi seminal para essa área, assim como o foi para o campo da psicoterapia humanista e existencial — que, a exemplo de Goldstein com seus pacientes neurológicos, busca uma real restauração integral da saúde das pessoas, sem esquecer a reflexão filosófica sobre os sintomas e mecanismos de recuperação. Acredito que foi justamente essa ampliação do olhar, presente em Goldstein, que encantou o casal Perls. Eles viam em Goldstein alguém que apresentava uma visão holística do ser humano a partir da ciência, porém sem separá-la da filosofia e da experiência vivida. Isso ocorreu sem que ele caísse na atitude objetivista e dicotomizante que se tornou dominante na evolução da ciência durante o século 20.

Em sua época, a teoria organísmica estava entre as abordagens de ponta, que vinham sob um paradigma sistêmico. Essa não é uma teoria vencida, pois seus pressupostos continuam válidos — apenas têm uma natureza estranha à hiperespecialização para onde evoluiu a ciência. Edgard Morin (2015) tornou muito claro o efeito desse processo. As ciências perdem a noção da complexidade do real enquanto mergulham nos detalhes. A noção de organismo que integra a neurociência, a psicologia, a filosofia e até inspira uma ética do cuidado vai na direção contrária. Esse conflito entre paradigmas em nossa época se tornou frequente, sendo visível até mesmo no campo da psicoterapia.

Quando abordagens originalmente derivadas do paradigma racionalista se aproximam de uma visão sistêmica, ainda precisam se identificar como baseadas em evidências, desqualificando ou desconhecendo que abordagens fenomenológicas também fornecem evidências. No caso de Goldstein, ocorreu o contrário: ele forneceu suficientes evidências, mas o paradigma a partir do qual elaborou suas conclusões foi amplo demais para ser reconhecido pelas gerações seguintes de cientistas.

O paradigma holístico e ecológico existe desde a época em que Goldstein trabalhava em seu laboratório, sendo esse paradigma mais próximo da visão antiga pré-racionalista, conforme mostrou Capra (1990) em seu estudo sobre a semelhança entre achados da física de partículas e intuições de sábios de várias tradições. Ele vem ocupando espaço no pensamento contemporâneo, mas nem sempre em suas expressões operativas, sobretudo na economia. Etimologicamente, economia significa *oikos* = casa, *nomia* = lei ou gestão, ou seja, a gestão da casa. À época em que eu escrevia este capítulo, vivíamos as primeiras expressões dramáticas do desequilíbrio climático — de enchentes no sul do país a queimadas e secas em quase todas as demais regiões. O leitor bem pode imaginar o motivo de eu me sentir no direito de dizer que vivemos sob uma péssima gestão de nossa casa planetária. Uma economia que não só desrespeitou os limites e modos de funcionar de nosso planeta como tapou os ouvidos aos alertas da ciência, fazendo de conta que escutava para agir em busca dos mesmos interesses que geraram esse desequilíbrio.

O resultado é que, depois de décadas de deflexão, somos assustados pelo resultado da inconsciência. Muitos ainda estão perplexos, tendo de lidar com as consequências de desastres naturais que lhes tiraram a casa ou destruíram os ecossistemas de que dependiam. Poucos de fato estabelecem uma ligação madura entre causa e efeito. E um número ainda menor tem plena consciência dos desafios que estão por vir. Mas uma das mais importantes conclusões é que gerimos muito mal nossa presença no planeta, que é a nossa casa.

No entanto, esse não é um tema novo. Desde os anos 1960, o impacto de nossa economia sobre os sistemas vivos tem sido estudado e discutido. Surgiu o movimento ambiental, a filosofia da ecologia profunda (Naess, 1995), a ciência da sustentabilidade e mobilizações políticas e diplomáticas que visaram reverter o quadro de devastação ecológica surgido na Revolução Industrial e acelerado dramaticamente no pós-guerra.

A psicologia está entre as últimas áreas do saber a entrar nesse tema. Nela há uma área acadêmica chamada psicologia ambiental, criada entre os anos 1950 e 1960. Durante a maior parte de sua existência, ela se dedicou a estudar a relação das pessoas com ambientes construídos. Quando, em 1992, surgiu a ecopsicologia (Roszsak, 2001), o interesse daquela área de conhecimento na crise ambiental era menor. Mais tarde, como parte da psicologia ambiental, surgiu a psicologia da conservação. Já a ecopsicologia surgiu como uma reflexão sobre a dimensão psicológica da crise ambiental. Em um artigo, ela foi chamada de psicologia da conservação com coração (Beringer, 2003), por sua aderência à fenomenologia e por trazer reflexões de várias correntes teóricas da psicoterapia, em vez das típicas produções acadêmicas. A ecopsicologia marca a entrada do campo da psicologia na reflexão crítica sobre nossas relações com o planeta.

No ano de 1994, o historiador e crítico social Theodore Roszsak foi o conferencista convidado da conferência anual do *The Gestalt Journal*, que correspondia a um congresso norte-americano de Gestalt-terapia. Dois anos antes, ele havia publicado *The voice of the Earth — An essay in ecopsychology* (2001), explorando os temas que surgiram no Laboratório de Psicologia e Mudança Social da Universidade de Harvard. Essa obra lançou o movimento da ecopsicologia. O diálogo entre a Gestalt-terapia e a ecopsicologia nos Estados Unidos, apesar de tremendamente promissor, não teve continuidade.

Na segunda edição de sua obra, Rozsak expressou sua consternação pela limitada receptividade de muitas das escolas de psicoterapia à ecopsicologia, afirmando que a maioria dos psicoterapeutas preferira o conforto de seus consultórios e das formas habituais de trabalho à reflexão incômoda que a ecopsicologia propunha. A alienação da psicologia em relação ao impacto de nossa economia no planeta continuou até recentemente. A lenta e incessante interferência dos gases oriundos da produção industrial no clima do planeta, assim como a acelerada extinção de ecossistemas e espécies, permaneceu, simbolicamente, na sala de espera dos consultórios de psicoterapia à espera de ser atendida.

Até pouco tempo atrás, era de fato incomum que os temas anteriores chegassem espontaneamente ao consultório, a despeito de que o futuro das pessoas que atendemos e o nosso futuro estejam completamente ligados a eles. O agravamento da crise climática começa a mudar drasticamente esse quadro, exigindo um olhar para essa camada da experiência humana da qual em geral não nos damos conta. Na vida urbana, marcada pelo ritmo da sociedade industrial e de consumo, essa camada raramente se torna figura. Por óbvio, há razões para a alienação dessa camada da vida que só podem ser compreendidas à luz de mecanismos introjetivos e deflexivos a serviço de um falso senso de autoproteção.

Kurt Goldstein nos inspira na privacidade do consultório ao observarmos os movimentos de autorregulação em situações desafiadoras (Lima, 2014). Nesse espaço, lidamos com uma pessoa/organismo cuja autoestima ou liberdade para experimentar a vida com autonomia está comprometida. Nosso objetivo é facilitar o contato dessa pessoa com uma experiência autêntica de si mesma, na qual ela possa explorar seus sentimentos, valores e conflitos, bem como suas relações com figuras importantes e diversas situações vividas.

Nesse campo de encontro, a pessoa e seu contexto social se entrelaçam durante grande parte de sua vida. Nela estão as bênçãos e as maldições que formaram sua identidade. Para esse paciente ideal, que representa uma generalização daquelas histórias únicas que testemunhamos em consultório, uma enchente que dilacera vidas é apenas um fenômeno climático inesperado vindo do pano de fundo de sua vida e que, sim, pode trazer grandes problemas para o seu dia a dia ou o de outras pessoas. Fruto de seu tempo, carrega em si a sensação de que aquele cenário de onde veio a enchente — o equilíbrio ou desequilíbrio do mundo natural — é apenas um palco para nossos dramas pessoais, que são o que realmente interessa.

E nós, Gestalt-terapeutas, corremos o sério risco de compartilhar dessa percepção, por sermos também filhos de nosso tempo. Um tempo que herdou uma longa história patriarcal-imperial-colonial e chegou a nossos dias na forma de produção acelerada de bens de consumo e competição por lucros a que chamamos sistema capitalista, legando-nos introjeções inquestionadas que condenam a raiz mesma da vida a ser não mais que um pano de fundo de nossas histórias.

É muito real que esse paciente ideal, durante o tempo em que estiver em terapia, venha a nos brindar com saídas criativas para seus conflitos, em consequência da exploração de novos modos com que ele se posta diante de seus desafios, exploração essa que fazemos como parceiros. Ao adquirir clareza sobre o que faz consigo mesmo e com os demais, ganha também a chave para ir mais fundo no crucial processo de se responsabilizar pelo que faz e pelo que quer. A mudança que se segue é a que Goldstein descreveu como um organismo agindo de forma integrada, holística, em que sensações corporais, sentimentos, ideias, talvez crenças que se desfazem — ou seja, sinapses em profusão no cérebro — cooperam entre si para alcançar o estado mais saudável possível e o decorrente ajustamento criativo a uma nova situação. Testemunhamos, assim, um organismo que procura seu equilíbrio.

Porém, a noção de organismo derivada do trabalho de Goldstein é arquetípica, ou seja, é comum a todo organismo na medida em que qualquer um procura se autoatualizar e o faz de forma integrada. Se formos radicais na perspectiva organísmica, e considerarmos a dimensão arquetípica das conclusões de Goldstein, o próprio planeta não deveria ser considerado um organismo? Essa é a proposição central de James Lovelock (2020) na chamada teoria de Gaia. Esta foi inicialmente apresentada como uma hipótese, uma tentativa de explicar a regulação do equilíbrio dos sistemas que geram e mantêm a vida.

Em Gestalt-terapia, falamos de homeostase, a tendência de um organismo para trabalhar a partir de um sistema de retroalimentação a fim de manter as condições para sua sobrevivência. A teoria de Gaia revela que isso ocorre também no planeta, assim como nos organismos. Para ser mais explícito, os sistemas vivos se sustentam porque há no planeta a mesma tendência ao equilíbrio que há em nosso organismo. Por modelos matemáticos, Lovelock fundamentou a teoria de que o planeta Terra funciona como um grande organismo.

Lovelock era um cientista tipicamente interdisciplinar. Dominava a química, a física, a biologia e a geofísica. Ele havia sido contratado pela Nasa nos anos 1960 para um projeto de identificação de vida fora do planeta Terra. Isso o levou a se perguntar como as condições propícias para a vida são mantidas em nosso planeta. Afirmou que as proporções de oxigênio, metano e outros gases em nossa atmosfera não deveriam se manter estáveis a não ser que algo regulasse essa tendência ao equilíbrio. Como em processos homeostáticos, o equilíbrio é uma tendência dentro do desequilíbrio. Aparentemente desconhecendo o trabalho de Goldstein, Lovelock percebeu que o planeta funciona como uma totalidade integrada, em que todos os sistemas vivos atuam ativamente de forma holística para sustentar o melhor equilíbrio possível, exatamente como o cérebro dos soldados lesionados que Goldstein atendia.

A microbiologista Lynn Margullis (2024) complementou a teoria de Gaia ao demonstrar que até mesmo os micro-organismos desempenham função fundamental na regulação do planeta. Essa é uma interessante constatação que confirma a perspectiva de campo. Esses processos naturais, que passam também pela interação entre organismos vivos e partes da fisiologia da Terra consideradas não vivas, são cruciais para a regulação do clima. Processos de *feedback* vão surgindo a partir da interação da biosfera, da geosfera e da hidrosfera, que ao final regulam as temperaturas máximas e mínimas que dão condições à vida. É como se Goldstein estivesse descrevendo um organismo. E nós somos parte desse sistema autorregulatório.

A relação entre pessoa e planeta, assim, mostra-se mais íntima do que a psicologia sempre considerou. O que nos leva a olhar para a crise climática e planetária como espelhamentos mútuos. O agravamento das condições do planeta ocorre *pari passu* com o agravamento da saúde mental da humanidade. O apagamento dessa identidade pessoa-planeta, que obscurece nossa consciência de sermos seres de pertencimento à grande teia da vida, abre as portas para a existência de modos de vida que agridem em vez de sustentar a grande casa. Por outro lado, o planeta busca se reorganizar a partir das condições que estamos gerando por meio da emissão de gases de efeito estufa e do desmatamento. Ele o faz aumentando a temperatura e produzindo eventos climáticos extremos que terminarão por extinguir nossa espécie se não entendermos a tempo o que estamos fazendo. Trata-se de autorregulação organísmica em grande escala.

No consultório, estamos acostumados a dar boas-vindas a crises. Sabemos que fazem parte das relações com o meio através de estilos disfuncionais de ser. Nós e nossos clientes crescemos quando aprendemos, ressignificamos, ampliamos nossa percepção e consciência do que vivemos. Crises são o recurso que os organismos usam para restabelecer o vínculo com modos autênticos de ser, seja uma crise interna de ajustamento a si mesmo, seja uma crise que necessita ser aberta em relação ao meio para confrontar situações limitadoras.

A crise psicológica que o desequilíbrio climático inevitavelmente abre caminha nessa direção. Na medida em que somos seres vivos que pertencem a e são fruto de uma longa jornada evolutiva, na qual estivemos em viva interação com milhares de outras espécies, existe em nós o que o eminente biólogo Edward Wilson (2003) chamou de biofilia, uma afinidade inata, ou um amor instintivo, que o ser humano tem pelas outras formas de vida e pela natureza. Wilson afirma que a biofilia é uma expressão genética derivada do fato de que nossa evolução, por milênios, ocorreu a partir da interação com outras espécies e em ambientes naturais. Pode-se afirmar que a biofilia está entre as potencialidades humanas reprimidas na cultura urbano-industrial.

Quando organismos não humanos sucumbem sob o peso da violência tecnológica, que produz a morte diária de muitas outras espécies — isso quando não gera a destruição de ecossistemas inteiros —, suspeito que só nos sustentamos psicologicamente à custa do amortecimento de nossa sensibilidade. O que precisamos fazer com nossa sensibilidade para sobreviver ao lado obscuro da sociedade industrial, que transformou todas as formas de vida em mercadoria, não é um importante tema de psicoterapia? É impossível ignorar que vivemos um descompasso entre as teorias que nos inspiram e o modo de vida dominante. Ou a teoria de campo não contempla florestas e outras espécies quando afirma que todo elemento de um sistema influencia e é influenciado pelos demais elementos? Será que nossos pacientes e nós mesmos nos damos conta desse dado básico da realidade?

A teoria do campo, central para a Gestalt-terapia, guarda profunda semelhança com o que o pensamento ecológico contemporâneo chama de "teia da vida": uma tessitura de organismos de diferentes espécies e forças da natureza que existem a partir dos princípios da interdependência e da interconexão. Todos dependem de todos. É a harmonia da teia à qual todas as espécies servem, inclusive por meio das competições entre espécies. Essa harmonia decorre do fato de as espécies que compõem a teia estarem atualizando suas potencialidades.

Goldstein viu esse processo ocorrendo no cérebro de seus pacientes. As sinapses se refaziam de forma que cada célula cerebral trabalhava em estado de conexão com o cérebro como um todo. Até mesmo esse cérebro só existia a partir da interação com seu meio. Sendo o funcionamento do organismo um processo arquetípico, o próprio meio não seria ele mesmo um organismo? Os hólons, totalidades a que se referia Smuts (2013) em sua teoria holística, não teriam a propriedade dos organismos de trabalhar de forma holística em busca de sua autoatualização?

Se a perspectiva organísmica, em sintonia com as perspectivas de campo e holística, preconiza que as partes do organismo funcionam a serviço da totalidade e geram harmonia, a quem servem nossa economia, a gestão de nossa casa planetária e nosso modo de vida? Certamente, não àquilo que todo organismo serve: a harmonia da teia da vida. Antes, acreditamos que este planeta — que levou quatro bilhões e meio de anos para acontecer, em meio a complexos processos evolutivos que envolveram incontáveis espécies e igualmente complexos aspectos da fisiologia do planeta — só existe para servir à nossa busca de lucro e riqueza.

Algum(a) colega poderia argumentar que esses temas não correspondem aos sofrimentos percebidos pelas pessoas que nos procuram. Em geral, esses costumam ser mais evidentemente associados a crises matrimoniais, profissionais, à criação de filhos ou aos universais problemas com figuras parentais. Então, teríamos de admitir que esses nossos sofrimentos pessoais e grupais se passam naquele pano de fundo sem importância que chamamos de planeta, até que uma catástrofe climática nos pegue de surpresa e tenhamos de admitir, sem compreender, que nunca imaginamos que isso pudesse acontecer.

A alienação climática e ecológica é um importante tema de terapia. No entanto, é importante averiguar se nossos modos de trabalho estão instrumentalizados para esses temas. O individualismo, irmão siamês do antropocentrismo, passará a ser um tema de terapia. É justo perguntar: numa perspectiva fenomenológica, que direito tenho eu de trazer um tema que ainda não floresceu na experiência da pessoa que acompanho? Não seria uma bruta incompetência técnica se o fizesse? Não obstante, estamos sob inspiração das teorias organísmica, de campo e holística, e para essas perspectivas o individualismo reinante em nossa cultura e que está enraizado na origem da psicoterapia moderna, diante do princípio da interdependência e do da interconexão, não seria a mais completa expressão patológica?

O drama do Gestalt-terapeuta consciente desses temas é que sua teoria permite ir mais longe do que seu modo de trabalho aparentemente permite. E o tempo que estamos vivendo exige que o que poderíamos chamar de ecopsicopatologias, como a ansiedade ecológica, a ansiedade climática e a solastalgia[1], entre outros, precisam entrar nos consultórios. O agravamento da crise climática providenciará isso.

Publicações de instituições como a American Psychological Association (APA, 2017) e a Organização Mundial de Saúde (OMS, 2022) alertam para os efeitos das mudanças climáticas na saúde mental. É um avanço, sem dúvida, já que poucos anos atrás essas e outras instituições eram mudas tanto quanto aos riscos climáticos quanto à indústria dos combustíveis fósseis, o que revela o tamanho da gravidade do estado deflexivo geral. Mas nós, em Gestalt-terapia, mantemos juntamente com os cuidados pelas consequências, uma reflexão crítica e o desenvolvimento de metodologias para olhar o estado mental que nos levou à crise climática, considerando até que ponto a postura de pessoas e instituições não

1. Termo criado pelo filósofo Glenn Albrecht. É a junção das palavras *solace*, consolo, e *nostalgia* e indica a sensação de angústia associada a mudanças no entorno natural de um indivíduo.

revela uma profunda ignorância das introjeções que estão na origem da crise.

De qualquer forma, inevitavelmente, os sofrimentos derivados da crise coletiva chamada desequilíbrio climático nos levarão a olhar de forma crítica para introjeções que, no final das contas, habitam em todos nós, definindo nosso senso de normalidade. Do ponto de vida organísmico, introjeções como o individualismo, o antropocentrismo, o androcentrismo e o consumismo trabalham para o adoecimento dos organismos humanos e do organismo planetário. É sobre elas que se apoia a economia capitalista, que se transformou num projeto ecocida. Como vemos, a economia, o clima e uma vasta gama de temas correlatos estão a bater às portas de nossos consultórios.

Poder-se-ia também argumentar que essas introjeções são por demais coletivas e internalizadas para ser tratadas em terapia. Talvez sejam temas para a educação e para debates políticos. Mas se a matéria-prima da psicoterapia é o sofrimento humano, estamos diante de atitudes introjetadas que no final das contas gerarão enorme sofrimento por ameaçar a nossa própria existência. A ecoansiedade e a angústia ambiental estão diretamente ligadas a essas introjeções. O colapso climático nos apresentará a um aspecto adoecido de nós mesmos, consubstanciado na gestão de nossa casa comum. Além disso, nosso sofrimento só virá após o sofrimento e a destruição de muitas outras formas de vida que ajudam a construir as condições para a existência do planeta — e isso é tremendamente entristecedor.

Dessa maneira, se faz clara a necessidade de uma Gestalt-ecopsicoterapia que amplie a Gestalt-terapia, amplificando suas raízes teóricas e filosóficas para fazer frente a uma crise global que nem Perls, nem Goodman e nem os geniais pensadores posteriores foram capazes de antecipar. Ao revelar a sintonia entre teoria organísmica e teoria de Gaia, assim como com os demais pressupostos teóricos da Gestalt, uma Gestalt-terapia radicalmente ecológica e coerente amplia nossa visão sobre nós mesmos e sobre o mundo natural de que somos parte. Uma visão radicalmente organísmica, holística e de campo revela o caminho para a resposta da Gestalt a um dos mais assustadores desafios que a humanidade terá de enfrentar.

REFERÊNCIAS

American Psychology Association. Mental health and our changing climate — Impacts, implications and guidance: Washington, DC: APA, 2017. Disponível em: https://www.apa.org/news/press/releases/2017/03/mental-health-climate.pdf. Acesso em: 23 nov. 2024.

Bach-y-Rita, Paul. *Recovery of function — Theoretical considerations on brains injure rehabilitation.* Illinois: University Park Press, 1980.

Beringer, Almut. "A conservation psychology with heart". *Human Ecology Review*, v. 10, n. 2, 2003.

Capra, Fritjof. O *tao da física — Uma análise dos paralelos entre a física moderna e o misticismo oriental.* São Paulo: Cultrix, 1990.

Frankl, Viktor. *Em busca de sentido — Um psicólogo no campo de concentração.* Petrópolis: Vozes, 1991.

Frazão, Lilian Meyer; Fukumitsu, Karina Okajima (orgs.). *Gestalt-terapia — Fundamentos epistemológicos e influências filosóficas.* São Paulo: Summus, 2013.

Goldstein, Kurt. "The organism — A holistic approach to biology derived from pathological data". In: *Men.* Nova York: Zone Books, 1995.

Grof, Stanislav. *Psicología transpersonal — Nacimiento, muerte y trascendencia en psicoterapia.* Barcelona: Kairós, 2003.

Kohler, Wolfgang. *Psicologia da Gestalt.* [s.l.]:APGIQ, 1980.

Lewin, Kurt. *Teoria do campo em ciências sociais.* Convivium, 2024.

Lima, Patrícia V de Albuquerque. "Autorregulação organísmica e homeostase. In: Frazão, Lilian Meyer; Fukumitsu, Karina Okajima (orgs.). *Gestalt-terapia — Conceitos fundamentais.* São Paulo: Summus, 2014.

Lovelock, James. *Gaia — Um novo olhar sobre a vida na Terra.* São Paulo: Edições 70, 2020.

MARGULLIS, Lynn. *Planeta simbiótico — Um novo olhar para a evolução*. Rio de Janeiro: Dantes, 2024.

MASLOW, Abraham. *Toward a psychology of being*. Nova York: Start Publishing LLC, 2013.

______. *A theory of human motivation*. All-about-psychology.com, 2011.

MERZENICH, Michael M.; NAHUM, Mor; VAN VLEET, Thomas M. *Changing brains — Applying brain plasticity to advance and recover human ability*. Amsterdã: Elsevier, 2014.

MORIN, Edgar. *O método 3 — O conhecimento do conhecimento*. Porto Alegre: Sulina, 2015.

NAESS, Arne. "The shallow and deep long range ecology movement". In: DREGSON Alan; INOUE, Yuichi. *The deep ecology movement — An introductory anthology*. Berkeley: North Atlantic Books, 1995. Artigo independente disponível em: https://iseethics.wordpress.com/wp-content/uploads/2013/02/naess-arne-the-shallow-and-the-deep-long-range-ecology-movement.pdf. Acesso em: 23 nov. 2024.

ORGANIZAÇÃO MUNDIAL DA SAÚDE. "OMS quer saúde mental como prioridade em planos de ação climática". Nações Unidas Brasil, 7 jun. 2022. Disponível em: https://brasil.un.org/pt-br/185205-oms-quer-saúde-mental-como-prioridade-em-planos-de-ação-climática. Acesso em: 23 nov. 2024.

PERLS, Frederick S.; HEFFERLINE, Ralph; GOODMAN, Paul. *Gestalt-terapia*. São Paulo: Summus, 1997.

ROGERS, Carl. *Tornar-se pessoa*. São Paulo: Martins Fontes, 2009.

ROSZSAK, Theodore. *The voice of the Earth — An exploration of ecopsychology*. Grand Rapids: Phane Press, 2001.

SMUTS, Jan C. *Holism and evolution*. Gouldsboro: The Gestalt Journal Press, 2013.

WILSON, Edward O. *Biophilia — The human bond with other species*. Harvard: Harvard University Press, 2003.

Os autores

Camila Ribeiro de Paula
Bacharel em Psicologia pela Fundação Mineira de Educação e Cultura (Fumec), com especialização em Psicologia Clínica: Análise Existencial e Gestalt-terapia. Desde 2016, dedica-se ao apoio de mulheres em situação de violência, tendo participado ativamente no contexto pós-desastre em Brumadinho. Atualmente, trabalha na CasaMIGA, casa de acolhimento para pessoas LGBTQIAPN+ brasileiras e refugiadas.

Celana Cardoso Andrade
Psicóloga pela Universidade Católica de Goiás (UCG), com especialização em Gestalt-terapia pelo Instituto de Treinamento e Pesquisa em Gestalt-terapia de Goiânia (ITGT). Mestre em Psicologia Clínica pela UCG. Doutora em Psicologia Clínica e Cultura pela Universidade de Brasília (UnB). Pós-doutoranda em Psicologia em Processos Psicossociais, Históricos e Coletivos pela Universidade Federal do Rio de Janeiro (UFRJ).

Professora no curso de Psicologia da Universidade Federal de Goiás (UFG). Editora da *Phenomenological Studies: Revista da Abordagem Gestáltica — RAG*. Membro-fundadora da Associação Brasileira de Gestalt-terapia e da Abordagem Gestáltica (ABG). Autora do livro *Sentidos da psicoterapia — Teoria e prática em Gestalt-terapia* (2019) e de outros capítulos e artigos científicos.

Elisa Rita Ferreira Andrade
Psicóloga clínica, psicoterapeuta, Gestalt-terapeuta e especializanda em Neuropsicologia pelo Cognitive Behavioral Institute of Miami. Assessora técnica judicial na área de saúde mental e trabalho e perita judicial no Tribunal de Justiça de Santa Catarina (TJSC). Atua na área de saúde do trabalhador desde 1991, quando coordenou o Centro de Referência em Saúde do Trabalhador (Cerest) da cidade de Concórdia e fez parte da equipe técnica do Cerest estadual de Santa Catarina. Foi membro da Comissão Intersetorial de Saúde do Trabalhador (Cist) e da Comissão Intersetorial de Saúde Mental (Cism) dos conselhos municipal e estadual de saúde de Florianópolis. Foi consultora do Mato Grosso do Sul na área de saúde mental e trabalho. Apresentou e fez parte da equipe de produção dos programas "Você tem fome de quê?" e "Saúde é tudo". Ministra cursos com a temática de violência psicológica no trabalho e saúde mental e trabalho.

Fábio Nogueira Pereira
Psicólogo, hipnoterapeuta ericksoniano, Gestalt-terapeuta, mestre e doutor em Psicologia pela Universidade Federal do Espírito Santo (Ufes), psicoterapeuta, professor e supervisor

clínico. É autor, coautor e organizador de artigos científicos, capítulos de livro e livros sobre saúde mental, relacionamentos interpessoais, planejamento de carreira e diálogos epistemológicos interdisciplinares em publicações nacionais e internacionais. Sempre se interessou muito pela ecologia, pela espiritualidade e pelos estados não usuais de consciência.

Karina Okajima Fukumitsu
Psicóloga, psicopedagoga e Gestalt-terapeuta. Consultora em saúde existencial. Pós-doutora e doutora em Psicologia pelo Instituto de Psicologia da Universidade de São Paulo (USP). Mestre em Psicologia Clínica pela Michigan School of Professional Psychology. Coordena a pós-graduação em Suicidologia: Prevenção e Posvenção, Processos Autodestrutivos e Luto da Faculdade Phorte. Cocoordena a pós-graduação em Abordagem Clínica e Institucional em Gestalt-terapia e a pós-graduação em Morte e Psicologia — Promoção da Saúde e Clínica Ampliada da Universidade Cruzeiro do Sul (Unicsul). Professora convidada da pós-graduação em Psicologia Hospitalar da Faculdade Israelita de Ciências da Saúde Albert Einstein (Ficsae). Produtora e apresentadora do *podcast* "Se tem vida, tem jeito". Palestrante e autora de diversos livros e artigos sobre prevenção dos processos autodestrutivos, posvenção, luto por suicídio, saúde existencial, acolhimento da vida e Gestalt-terapia. Presidente da Associação Se tem vida, tem jeito. Organizadora da coleção **Gestalt-terapia: fundamentos e práticas.**

Lilian Meyer Frazão
Professora aposentada da Universidade de São Paulo (USP). Uma das pioneiras da Gestalt-terapia no Brasil. Cocoordenadora do

primeiro curso de formação em Gestalt-terapia no Brasil, no Instituto Sedes Sapientiae, e do projeto Expandindo Fronteiras. Colaboradora em treinamentos de Gestalt-terapeutas no Brasil e no exterior. Sócia-fundadora e ex-membro da diretoria da International Gestalt Therapy Association (IGTA), da Associação Brasileira de Psicoterapia (Abrap), do Espaço Therese Tellegen, do Centro de Estudos de Gestalt de São Paulo e da Associação Brasileira de Gestalt-terapia, da qual é presidente atualmente. Autora e organizadora dos livros *Questões do humano na contemporaneidade*, *Gestalt e gênero* e da coleção **Gestalt-terapia: fundamentos e práticas.**

Marco Aurélio Bilibio Carvalho
Psicólogo clínico. Mestre em Psicologia Clínica e Cultura e doutor em Sustentabilidade pela Universidade de Brasília (UnB). Membro da Associação Brasileira de Gestalt-terapia e Abordagem Gestáltica (ABG). Diretor do Instituto Brasileiro de Ecopsicologia (IBE). Atua em clínica privada em Brasília.

Roberto Peres Veras
Psicólogo clínico. Mestre em Psicologia Clínica pela Pontifícia Universidade Católica de São Paulo (PUC-SP), com especialização em Gestalt-terapia pelo Instituto Sedes Sapientiae. Professor colaborador do Instituto de Gestalt de São Paulo (IGSP) e da Escola Paranaense de Gestalt-terapia. Professor e supervisor convidado do departamento de Gestalt-terapia do Instituto Sedes Sapientiae. Professor e supervisor do curso de especialização em Gestalt-terapia, abordagem clínica e institucional da Universidade Cruzeiro do Sul (Unicsul).

Silvia Ivancko

Gestalt-terapeuta desde 1985. Tem formação em Gestalt-terapia pelo Instituto Sedes Sapientiae. Mestre em Psicossomática e Psicologia Hospitalar pela Pontifícia Universidade Católica de São Paulo (PUC-SP). Especialista em Psicologia Hospitalar pelo Hospital das Clínicas da Faculdade de Medicina da Universidade de São Paulo (FMUSP), em Psicossomática pelo Instituto Internacional de Medicina Tradicional Chinesa, em Psicossomática pelo Instituto Brasileiro de Estudos Homeopáticos (IBEHE) e em Psiconeuroimunologia e Stress pelo Instituto Paulista de Stress, Psicossomática e Psiconeuroimunologia (IPSPP). Professora colaboradora de vários cursos de formação em Gestalt-terapia no Brasil.

Vanessa Brito

Psicóloga mestranda em Psicologia pela Universidade Federal de Goiás (UFG). Formada em atendimentos a casais e famílias em Gestalt-terapia pelo Ateliê Gestáltico/CE e em trabalho com trauma em Gestalt-terapia pelo Instituto de Gestalt-terapia da Bahia (IGTBa). Pós-formada em Gestalt-terapia pelo Gestalten/RN. Especializada em Gestalt-terapia pelo Instituto Sedes Sapientiae. Graduada em Psicologia pelas Faculdades Metropolitanas Unidas (FMU). Graduada em Relações Públicas pela Faculdade Cásper Líbero. Secretária-geral da Associação Brasileira de Gestalt-terapia e Abordagem Gestáltica (ABG) — gestão 2023/2024. Professora no curso de especialização em Gestalt-terapia do Instituto Sedes Sapientiae. Autora de artigos, coautora de livros e coorganizadora de e-books.

leia também

QUESTÕES DO HUMANO NA CONTEMPORANEIDADE

Olhares gestálticos

Organizadora: Lilian Meyer Frazão

Partindo de inquietações clínicas ligadas à complexidade do ser humano de se constituir como pessoa e à angústia daí decorrente, este livro aborda alguns dos dilemas enfrentados na contemporaneidade. A busca de uma identidade, as adições, a dificuldade de atingir um ideal de corpo imposto pela mídia e a virtualização dos relacionamentos são alguns dos temas aqui tratados. Num mundo pós-moderno permeado de tantas vicissitudes, esta obra faz reflexões importantes para o trabalho de psicólogos e, sobretudo, de psicoterapeutas. Baseadas em sua vasta experiência, as autoras utilizam a Gestalt-terapia como pano de fundo para produzir um debate enriquecedor e atual.

ISBN: 978-85-323-1072-9

ENFRENTANDO CRISES E FECHANDO GESTALTEN

Organizadoras: Karina Okajima Fukumitsu e Lilian Meyer Frazão

Crises todos vivemos. Forças para enfrentá-las nem todos temos. Se um dos objetivos principais da Gestalt-terapia é a ampliação da *awareness*, sobretudo daquilo que impede o fluxo contínuo e dificulta a fluidez do viver, é fundamental refletir sobre as situações inacabadas que nos impedem de avançar. Neste volume, diversos autores mostram que, por meio da espontaneidade, da criatividade e da espiritualidade, é possível abordar sofrimentos diversos, como os políticos, os oriundos de acidentes e de questões de gênero. Calcados na ética e no acolhimento terapêutico, os capítulos aqui presentes dão uma importante contribuição à abordagem.

ISBN: 978-85-323-1152-8

leia também

QUADROS CLÍNICOS DISFUNCIONAIS E GESTALT-TERAPIA

Organizadoras: Karina Okajima Fukumitsu e Lilian Meyer Frazão

Este volume apresenta diversos quadros disfuncionais ilustrados por casos clínicos em que o indivíduo, cujo funcionamento se apresentava interrompido, estava impedido de viver com qualidade e bem-estar. Desse modo, desmistifica a visão dualista de que "saúde" e "doença" são opostos, devendo a doença ser combatida a qualquer custo. Temas como psicose, bipolaridade, suicídio, adoecimento autoimune, automutilação, ansiedade, borderline, autismo, dependência química, transtorno obsessivo-compulsivo, transtornos alimentares e depressão são abordados segundo os referenciais da Gestalt-terapia, que consideram sobretudo o sofrimento humano.

ISBN: 978-85-323-1084-2

ANGÚSTIAS CONTEMPORÂNEAS E GESTALT-TERAPIA

Organizadora: Margaret Marras

Nas últimas décadas, a Gestalt-terapia vem crescendo substancialmente no Brasil. Em sua visão de mundo, os indivíduos são concebidos como seres em constante processo de desenvolvimento e crescimento, inclusive quando se defrontam com problemas existenciais. Assim, numa era em que o sofrimento psicológico chegou a limites inimagináveis, é papel da abordagem ajudar os clientes a adquirir *awareness* para que possam estabelecer melhores relações consigo e com o meio. Nesta obra, Margaret Marras reúne temas que têm promovido extremo sofrimento na atualidade. A cada capítulo, os autores — renomados profissionais da área — nos confrontam com questionamentos sobre nossa forma de estar no mundo e nos fornecem subsídios para nossa tão necessária reflexão.

ISBN: 978-85-323-1150-4

Grupo Summus
www.gruposummus.com.br
www.gruposummus.com.br
Acesse, conheça o nosso catálogo e cadastre-se para receber informações sobre os lançamentos.